YASU
JIANGMEN

《雅宿江门》主创团队 著

中国侨都　湾区江门

 花城出版社

中国·广州

图书在版编目（CIP）数据

雅宿江门 /《雅宿江门》主创团队著. -- 广州：花城出版社，2023.9
ISBN 978-7-5360-8828-3

Ⅰ. ①雅… Ⅱ. ①雅… Ⅲ. ①旅馆-介绍-江门 Ⅳ. ①F719.2

中国国家版本馆CIP数据核字(2023)第117112号

出版人：张懿
责任编辑：陈诗泳
责任校对：梁秋华
技术编辑：林佳莹
封面设计：赵珊珊
内文设计：姚敏
手绘插画：赵珊珊

书　　名	雅宿江门 YASU JIANGMEN
出版发行	花城出版社 （广州市环市东路水荫路11号）
经　　销	全国新华书店
印　　刷	佛山市华禹彩印有限公司 （佛山市南海区狮山镇罗村联和工业西二区三路1号之一）
开　　本	880毫米×1230毫米　32开
印　　张	8.875　1插页
字　　数	180,000字
版　　次	2023年9月第1版　2023年9月第1次印刷
定　　价	52.00元

如发现印装质量问题，请直接与印刷厂联系调换。
购书热线： 020-37604658　37602954
花城出版社网站： http://www.fcph.com.cn

《雅宿江门》主创团队

荣誉出品
江门市文化广电旅游体育局

执行统筹
江门日报社

撰稿
何雯意　李银换　陈倩婷　陈方欢　李嘉敏　陈素敏　龚　静
方　艺　刘　佼　梁诗雅　翁丹萍

摄影
彭伟宗　吴兆民　叶齐享　黄伟良　方华琪　李卓文　郭永乐
部分图片由江门市文化广电旅游体育局、受访民宿及景区提供

插画
赵珊珊

封面
赵珊珊

江门民宿：

有情 有义
有故事

从陶渊明的"采菊东篱下，悠然见南山"，到李白的"问余何意栖碧山，笑而不答心自闲"，人们从未停止对"世外桃源"的向往。如今，在乡间寻一处舒适的民宿住下，正成为越来越多游客的诗意栖居首选。

得益于精美的华侨碉楼和成片的稻田沃野，江门碉楼民宿视野开阔，风情独特：一间树影花香的小院，寄托着无限情怀；一座中西结合的华侨古建筑，寄托着浓浓乡愁。融合江门独特的"侨"元素及特色旅游资源，是江门民宿的显著特色，也是江门民宿区别于其他地方的创新之处。

一方庭院深幽处，半卷闲书一壶茶。在鹤山泊瑞·和安里民宿，一片经过装修活化的老房子，自成一处返璞归真的悠闲境地：山坡竹林下，游泳、散步、读书，放松身心；门前菜园里，看菜苗青青，体验"采菊东篱下,悠然见南山"的农家生活,当下就能感受诗意人生。由百年侨校改造而成的玄潭原舍民宿,环境清幽、空气清新;庭院周围绿树成荫,四季如春,鸟语花香;楼房旁有百年老榕树守护庇荫,"树胡子"在空中飘动捕捉风的影子……目之所及皆是美景。

久在樊笼里,复得返自然。依山而建的新会石涧故事民宿,依托山峦秀美的自然风光和深厚的文化底蕴,室内雅致清幽,室外山清水秀,犹如世外桃源。晨起观山林翠色,听水流鸟鸣;夜观星河浩瀚,萤火点点。

四季花开,岁月流转。不妨点一支小冈香,泡一壶柑普茶,在极具侨特色的民宿里,听听梁启超、陈白沙的故事,和民宿主人谈天说地,感受时光流转。

民宿体现在人文情怀,民宿主人是民宿的灵魂。每位主人,对民宿都有着各自的理解。我们总能在他们打造的小天地中找到他们的个性烙印,有的随性粗犷,有的悠闲惬意,有的甜美淡雅……一座座中西结合的华侨古建筑、古村落,因为民宿主人的精心打理,重焕生机。来自天南地北的游客,在民宿内相逢,交流着彼此的故事,也因此对侨乡文化有更深入的了解、更深刻的体验。

江门民宿,有情有义有故事。如果你想放松身心,不妨约会侨乡,来一场"微度假",在慢生活中放飞自己。让我们跟着此书,走进江门民宿,听听江门民宿里的那些故事。

目录 ······ CONTENTS

缘贵苑民宿　　003
百年特色建筑
诉说"后珠玑巷"故事

鼎麓民宿　　018
隐于山水间的"艺术馆"

石涧故事民宿　　028
讲好石涧故事，传承民俗文化

柑璞居民宿　　044
"新会柑"主题民宿，都市人的"归园田居"

隐沙小筑民宿　　058
为石板沙"增颜增值"

光大雅舍民宿　133
穿越时光　邂逅民国风韵

喜相汇民宿　146
不用出国，带你体验东南亚风情

望岗碉楼民宿　075
山野田间追逐诗与远方

玄潭原舍民宿　090
随心放松的心灵栖息地

四九书院民宿　104
"长"在山水间的绝美田园民宿

侨居文宿　121
一个暖心的乡村田园生活"社区"，全面展示乡村振兴魅力

逸泉公馆民宿　158
人间烟火里的"诗与远方"

格局民宿　166
山川湖海，厨房与爱，都值得拥有

倮泉坞民宿　179
冬之伊始，住进风景画里的温泉民宿，觅得浮生半日闲

碉民部落民宿　　　191
隐身旧墟的侨乡小博物馆

赤水红楼民宿　　　205
百年红楼蝶变重生，乡村度假酒店助力乡村振兴

此间·国际研学空间　218
古韵新生在"此间"，文化民宿促交流

月和居民宿　　　　235
入宿岭南韵味民宿，品尝侨乡美食

泊瑞·和安里民宿　244
有温度的住宿，有灵魂的生活

蓬江区

· 缘贵苑民宿
· 鼎麓民宿

缘贵苑

百年特色建筑

诉说「后珠玑巷」故事

缘贵苑民宿

百年特色建筑
诉说"后珠玑巷"故事

● ● ● ● ●

"烟雨迷蒙,细风清冷,一抹绿苔攀上昔日的朱门。离人的愁,归乡的魂,一口古井静漾历史的余温。书香依稀,廊转巷深,一笔描不尽转眼散落红尘。炊烟袅袅,禾雀声声,一曲唱不完已是暮霭黄昏。美哉,这一落古村,看不完的人伦。悠哉,岁月留下了吻,抹不去的年轮。八百年风雨,八百年爱恨,八百年沧桑良溪的根……"

江门著名音乐人孔雷一首《良溪的根》,把位于棠下镇的一个历史久远、自然环境优美的古老村庄展示在人们面前。这就是被誉为

"后珠玑巷"的良溪村。在这条古村里,隐藏着一家由清代华侨屋改建而成、名为"缘贵苑"的民宿。走进民宿,仿佛时光在此凝滞,百年前的特色建筑静静诉说着"后珠玑巷"的故事。

良溪古村文化底蕴深厚

驱车从城区出发,沿着江门大道,在导航的指引下,驶过绿树成荫的乡村公路,穿过两侧涂鸦着各种壁画的道路,便到达良溪村,让人有种穿越时空的感觉。

良溪,得名于其优美的自然环境。据悉,明朝初年以前,良溪古村周边原生长着许多蓢草,因此良溪又称"蓢底",后因蓢草消失,而遗有溪流,又因溪水养育一方人,遂改称"良溪",意为好的溪流、好的地方。

"中国传统村落""广东省历史文化名村""广东省古村

落"……提起良溪村，人们不难想起这些国字号、省字号名头。据史料记载，南宋绍兴元年（1131），因天灾地劫，民不聊生，居住在南雄珠玑巷的祖先决定南迁，另谋出路。南迁始祖罗贵带领36姓共97户人家，携妻带子，从南雄珠玑巷南迁至良溪村安家落户，其子孙又在江门五邑及珠三角周边地区繁衍。良溪古村成为中原移民南迁南雄珠玑巷后，再度南迁珠三角各地以至海外诸国的第二个中转站，是名副其实的"后珠玑巷"。

良溪古村倚山而筑，临水而居，池塘清波潋滟，古榕硕大繁茂。水、建筑与古民居环境的组合相得益彰，透露着文化气息。村里至今仍完整保存着许多清代到中华人民共和国成立初期的建筑，灵秀而端庄。"龙船脊"的屋顶设计，门额屋檐上精致的雕刻，无一不

透着浓厚的岭南建筑色彩。游走村中,仿佛在欣赏一幅宣纸上的水墨画,古朴而素雅。

  正是看中良溪古村的历史文化底蕴,民宿主人李照民在探访多地后,最终决定在良溪古村开设缘贵苑民宿。

　　李照民从事旅游业多年，对旅游行业有着深刻的见解。2020年，随着乡村振兴的推进，江门民宿业乘着东风，成为创业风口。凭着自己在旅游行业多年积累的经验，李照民嗅到了商机，于是开始在江门的各大乡村选址。

在李照民看来，江门古村众多，历史文化底蕴深厚，而作为中国传统村落，良溪村具有得天独厚的优势。经过多月的筹备，缘贵苑于2020年7月开始试营业，8月，获颁蓬江区首张民宿登记证照，成为蓬江区第一家持证民宿。

时光在民宿里缓慢流动

行至村子，经过一棵大榕树，便看见门口满是簕杜鹃的缘贵苑。推开木栅栏，仿佛进入时光隧道，带你穿梭回百年前。过去的时光在这里凝滞不动，它们缓缓地流淌在民宿的屋檐上、游廊里、窗户边……

行走在屋内的小道中，每一步都是故事。抬头可见，墙上的各种壁画、浮雕，虽历经沧桑，仍保留着鲜艳的色彩。夜游赤壁、海屋添筹、柏子高冠……每一幅画都在讲述着过去的故事，值得驻足细细品味。

  穿过写着"缘贵苑"的小门，便真正抵达民宿的核心区。这是一座始建于清代的华侨屋，占地256平方米，层高一层，分上、下两厅，内设客房6间、品茶室、阅读角各1间，保留了原始房屋的主体结构，还有天井、青砖墙、灰雕、阁楼、天窗、红砖石地板等独特元素。

  很难想象，这里曾经荒弃多年。李照民花了大力气才把它改造成如今的模样。"当时江门刚经历了一场大雨，淤泥都积到膝盖了，我们花了几天清除淤泥，一块块红砖擦拭。"李照民说。小到卫生，大到房屋的整体改造，李照民都亲力亲为。

  时间、精力、金钱，明知道投入这么大，为什么还是愿意活化这幢老建筑呢？李照民说，良溪古村是百年古村，但不少百年侨屋已经荒废，如果没有人去维系、修缮，很可能以后就再也看不到了，这样多可惜呀！而且，如今都市孩子对古屋、古建筑缺乏清晰的概念，他

关键字：**唔使问阿贵、后珠玑巷、私房菜**

周边推荐景点：**良溪村**（距离 100 米）、**铁夫故里**（距离 6 公里）

良溪村
——粤语俗语"唔使问阿贵"出处

　　良溪村坐落在群山环抱、翠榕掩映的大雁山，整条村庄坐北朝南，沿隐龙山聚落而建，"依山造屋、傍水结村"环境秀美。据史书记载，南宋绍兴元年（1131），南迁始祖罗贵带领 36 姓共 97 户人家携妻带子，从南雄珠玑巷南迁至良溪村安家落户，并进一步繁衍世世代代的子孙，其子孙又在珠三角及其他地区甚至海外繁衍。据有关专家学者考证，这是南宋时期以罗贵为代表的中原人南迁南雄珠玑巷后，又进而迁移珠江三角洲乃至海外的中转站或中转地。因此，良溪又称为"后珠玑巷"。

鹤山铁夫故里位于鹤山市雅瑶镇陈山村，陈山村总面积约5640.7亩。自陈山村开村至今已有760多年历史，2019年获得"广东省古村落"荣誉称号，素有"铁夫故里、火龙之乡"的美誉。李铁夫先生被誉为"中国油画第一人"，也是中国民主革命的先驱者。为传承弘扬革命精神、斗争精神、创新精神，陈山村因地制宜融合"铁夫革命精神""陈山火龙"等元素，全方位打造集特色餐饮、休闲娱乐、特色民宿、文化体验、创意生活等为一体的多业态综合旅游项目，打造鹤山非遗文化中心。

铁夫故里

希望能为传统文化的传承贡献一份力量，让年轻人找到可以触摸历史的地方。

在屋内装饰上，李照民也不遗余力地大力弘扬传统文化，使用的装饰品都非常具有传统文化气息。屋内以陈皮为香薰，以花木、字画为点缀，营造了一种古朴典雅的氛围，整体房间布局规矩而古色古香，简约而明亮宽敞。

此外，缘贵苑还开设了私房菜馆服务，在这里可以品尝侨乡地道美味。

游古村听故事

择一处而居，让心灵得到放松。民宿所处的良溪村也非常值得一逛。在民宿主人的带领下，良溪古村的历史被娓娓道来。

村子至今仍完整保存着许多古老的建筑：有贞节牌坊、祠堂、庙堂、碉楼、护村墙、进士井及明清古民居等。

村子中间，始建于康熙年间的"罗氏大祠堂"是良溪村的标志性

建筑之一。据说，岭南地区的每一个罗姓人士几乎都可以从这里找到根，岭南罗氏绝大多数是从良溪村发迹的。

　　祠堂不远处是"青云路"，良溪村人才辈出，"青云路"很好地展示了这一点。走上青云路，是一条狭长的古道。这条古道穿村而过，据说是当年联系村外的唯一通道，全部用长0.3米、宽0.2米的石板铺成，路面的光滑足以见证当年的繁华。据了解，民国以前这条古道上的烟丝、茶叶、生油络绎不绝，最后被送至西江边"三娘庙"，发往别处。清朝末年良溪村巨富罗奇生、罗光耀就是从这里发迹的。清末时期，良溪古村达到鼎盛，至今保留的古建筑大多来自这个时期。

位于村子东头的"五部堂"被称为村子里的"司法中心",是良溪村罗、谢、叶、廖四姓的祖庙。五部堂利用乡民敬重神威,对村子内违反乡规族约的居民进行审议、裁决和处罚。

此外,古村里的贞节牌坊、进士井、祠堂、庙堂等都值得细细浏览。

"从前车马慢,一生只够爱一人",不如选个时间踏上狭长的青砖石板路,栖居古老屋里重温旧时日子。

何雯意

缘贵苑民宿

营业执照名称	蓬江区缘贵苑民宿中心
地址	江门市蓬江区棠下镇良溪村中队 10 号
预订电话	13431764470
房间数	6
床位数	8
民宿登记证号	JMPJ001

微信扫一扫
获取缘贵苑民宿最新资讯

/017/

鼎麓民宿

隐于山水间的"艺术馆"

• • • • •

山水相拥,湖光山色,风景如画……漫步在有江门"后花园"美誉的蓬江区杜阮镇兰石公园,享受如诗如画般的湖光美景。

这里,藏着一家如世外桃源般的民宿——鼎麓民宿,它远离闹市的喧嚣,在繁花绿叶、绿荫环绕当中与鸟语花香做伴。作为蓬江区第三家正式登记注册的民宿,鼎麓民宿集餐饮娱乐、研学、户外拓展等功能设施于一体。你可以在此尽情放松紧绷的神经,享受这一方自在天地。

鼎麓

享受一方自在天地

隐于山水间的「艺术馆」

热爱 | 在绿水青山间开民宿

鼎麓民宿位于兰石公园内,紧连圭峰山国家级森林公园和叱石风景区,毗邻兰石水库,水库旁设有长达2.8公里的环湖路径。山水相拥,景色优美。

民宿负责人侯志强是一名"80后",潮汕人,此前在深圳从事制造业生意。10多年前,侯志强第一次来到江门,便对江门留下了深刻的印象,他说:"江门是著名的旅游城市,气候适宜,山清水秀,非常宜居,我很喜欢江门。"

在江门市政府的招商引资下,侯志强选择来到江门创业,他要在兰石公园内投资建设一所研学基地,其中包含酒店民宿。

对于侯志强的决定,身边的朋友都不太理解,毕竟当时周边"可以说是'荒山野岭',没有水泥路,没有路灯,一切都很原始"。侯志强却不这么看，他是一个户外旅游爱好者，平时很爱和朋友结伴旅游。去过国内众多旅游地的他，第一次来到兰石公园考察时，就深深地被公园的风景吸引了，"我喜欢有山有水的地方，这里有得天独厚的自然环境，是天然氧吧，很适合做酒店民宿"。

经过四五年的打磨，鼎麓民宿于2017年正式启用。在这里住宿，不仅可以享受"山光悦鸟性，潭影空人心"的悠闲时刻，还可以进行研学、露营、青少年射箭等，活动丰富多彩。此外，民宿还能承接户外婚礼、培训会议、企业团建、毕业晚会等活动。你可以约上三五好友，来鼎麓民宿尽情放松游玩。

侯志强说，在深圳生活节奏很快，每个人都行色匆匆，神经很紧绷。而在江门兰石公园，你会感受到不一样的放松和舒适。他也希望更多住客能在繁花绿叶、绿荫环绕当中与鸟语花香做伴，找回心灵的宁静。许多深圳、珠海、中山、广州、佛山等城市的游客慕名而来，只为享受这远离尘嚣的田园生活。

巧思｜用艺术点缀民宿

鼎麓民宿的设计创意来源于法国戛纳小镇，项目充分考虑了建筑与自然的和谐，室内与室外的充分沟通，身临其中犹如置身世外桃源。民宿外观以简约风格为主，虽被不少藤蔓缠绕，但崭新如初，极具现代化，即便是今天，这种设计依然潮流前卫。

民宿负责人有着自己的小心思：由于民宿靠山，植被较多，所以

外观不能太过豪华，不然很难与自然环境相容。在青山绿水的环抱下，简约的外观非但没有显得格格不入，更在林间阵阵鸟叫声的衬托下，给人以安静舒适的感受。

目前，民宿内共有34间客房，窗明几净，装修风格也以简约风为主，给人宁静休闲的感觉与体验。

置身于民宿的走廊中，仿佛在参观一家艺术馆，一场场视觉盛宴随着脚步的走动迎面而来：精致的墙壁、风格各异的壁画、变化的光影……令人难以置信的是，民宿的房间、走廊、墙壁等所有一切，均是由非设计专业出身的负责人亲手设计而成，并且每一处设计都有侯强的精心思考：既要确保每个房间风格各异，又要确保房间的风格能够与自然环境和谐相融，不会令人感觉突兀。

在民宿4楼，我们发现了一间面朝水库、背靠山林的客房。室内面积并不是特别大，但经过精心设计，房间整体给人以强烈的空间感，宽敞大气、明亮又舒服，室内与室外也有着充分的沟通。

拉开窗帘，所见所闻令人震撼不已：鸟声盈耳、山风徐徐、碧水蓝天。稍微后撤几步再向阳台外望去，远处风景宛若一幅纸上的油画，动人心弦。每日清晨，附近山林会传来优美动听的鸟声，犹如一场音乐盛会，凤吟鸾吹，使人在清晨倍感精神，回味无穷。

在3楼，各间客房也有着不一样的设计。无论是窗帘、地毯甚至是墙饰，都有不同风格的装扮。这也是侯强的一些"小心思"：民宿每一层、每一条走廊、每一间客房的风格都有不同的设计考究，各有其独特之处。在入住时，民宿会向客人推荐不同风格的房间，让他们能够充分体验这山水之美。

据介绍，无论是走廊的壁画抑或是房间内的壁画，大多是由一些美术专业的学生所创作。每件作品内容与风格各异，都有自身的风格与亮点。每进入一间新的客房，就仿佛在参观不同的艺术馆，给人留下满满的艺术观感。

民宿总体面积并不是特别大，但内里五脏俱全，应有尽有；民宿房间风格各异，但都能做到和谐自然，给游客留下舒适的体验，令人流连忘返。

用心｜以民宿为基点，提供多样化旅游服务

为了满足人们对休闲旅游的需求，侯志强一直坚持高星级酒店经营模式，不断丰富与完善民宿的旅游配套设施，努力提升游客体验感，增强游客黏性。

民宿内建设了能够满足游客多方面需求的配套设施，如"鼎麓食

府"、图书角、游戏机等。民宿的图书角正在升级建设为"粤书吧",将进一步丰富民宿的旅游场景,为游客提供环境更为舒适、服务更为智能的感受与体验。

民宿外,一群自外地而来的游客喝着饮料,吃着烤串,看着远处飞鸟掠过湖面,慵懒地陷在椅子中,沉浸式感受大自然的魅力。

借助优渥的山水资源,分别打造了"乡山营地"与"乡水营地"两大区域,为游客提供露营、烧烤、篝火晚会等诸多休闲服务,让游客在远离城市喧嚣的同时,共享背倚绿树青山、面朝水天一色的惬意生活。另外,侯强表示,近年来,风景迷人的民宿还吸引了众多美术爱好者采风写生。

除了发挥自然环境的优势外,侯志强还组建了一支强大的活动策划团队,向学校、社会教育机构、企事业单位等策划相关主题活动,获得广泛的肯定和赞誉。

何雯意

微信扫一扫
获取鼎麓民宿最新资讯

关键字:**团建、户外婚礼、小资休闲**

周边景点推荐:**兰石公园**(距离50米)、**叱石风景区**(距离5公里)

兰石公园

兰石公园占地面积约1万亩,其中水库面积803亩,山林面积约9200亩。园内湖面宽阔,山清水秀、环境优美、空气清新,是大型的天然氧吧。该公园的环湖路长约28公里,沿路有大坝风光、观景平台、亲水栈道、凉亭、公园、休息点等。园内山水相拥,湖光山色,自然生态景观原始、优美。夕阳西下时刻,整个公园仿佛披上一层金黄色的滤镜,小清新中带着几分温柔浪漫,惹人陶醉。

叱石风景区

叱石山位于蓬江区杜阮镇,国家森林公园圭峰山之北峰,其山势峻峭,绿荫葱茏,清泉瀑布,风光旖旎,每年游人如鲫。"叱石"这个名称的由来与一神话人物有关。这座山原名"羊石坑",相传明朝亡后,遗臣大司马黄公辅拥太子南奔到此,见此地绿草如茵,乱石无数,状如山羊,形态各异,栩栩如生,因而赞叹不已,遂用《神仙传》中黄初平"叱石成羊"的故事,将此山改名为"叱石"。风景区内还有"一洗红尘"胜景、凉瓜田综合体、叱石缆车等游览项目。

鼎麓民宿

营业执照名称	蓬江区鼎麓民宿服务中心
地址	蓬江区杜阮镇澜石水库旧娱乐场(自编1号)
预订电话	18128284848
房间数	12
床位数	22
民宿登记证号	JMPJ003

新会区

· 石涧故事民宿
· 柑璞居民宿
· 隐沙小筑民宿

石涧故事民宿

讲好石涧故事，传承民俗文化

- - - - -

在江门新会圭峰山麓中，有一个客家村，那就是石涧村——一个风景秀美、文化积淀厚重的村落。穿行于房屋之间，沿着林荫小路一直走，来到石涧村的山腰，就能看见一处颇具历史气息的西关大屋式风格的建筑，满足都市人群对乡野生活的想象。

这家藏在山畔林间的特色民宿，名为"石涧故事"，位于石涧公园附近，一直由苏炎香夫妻俩经营。2018年，夫妻俩将闲置的祖屋重新装修；2019年初，石涧故事民宿正式运营，成为新会第一家持证民宿。

讲好石涧故事
传承民俗文化

石涧故事

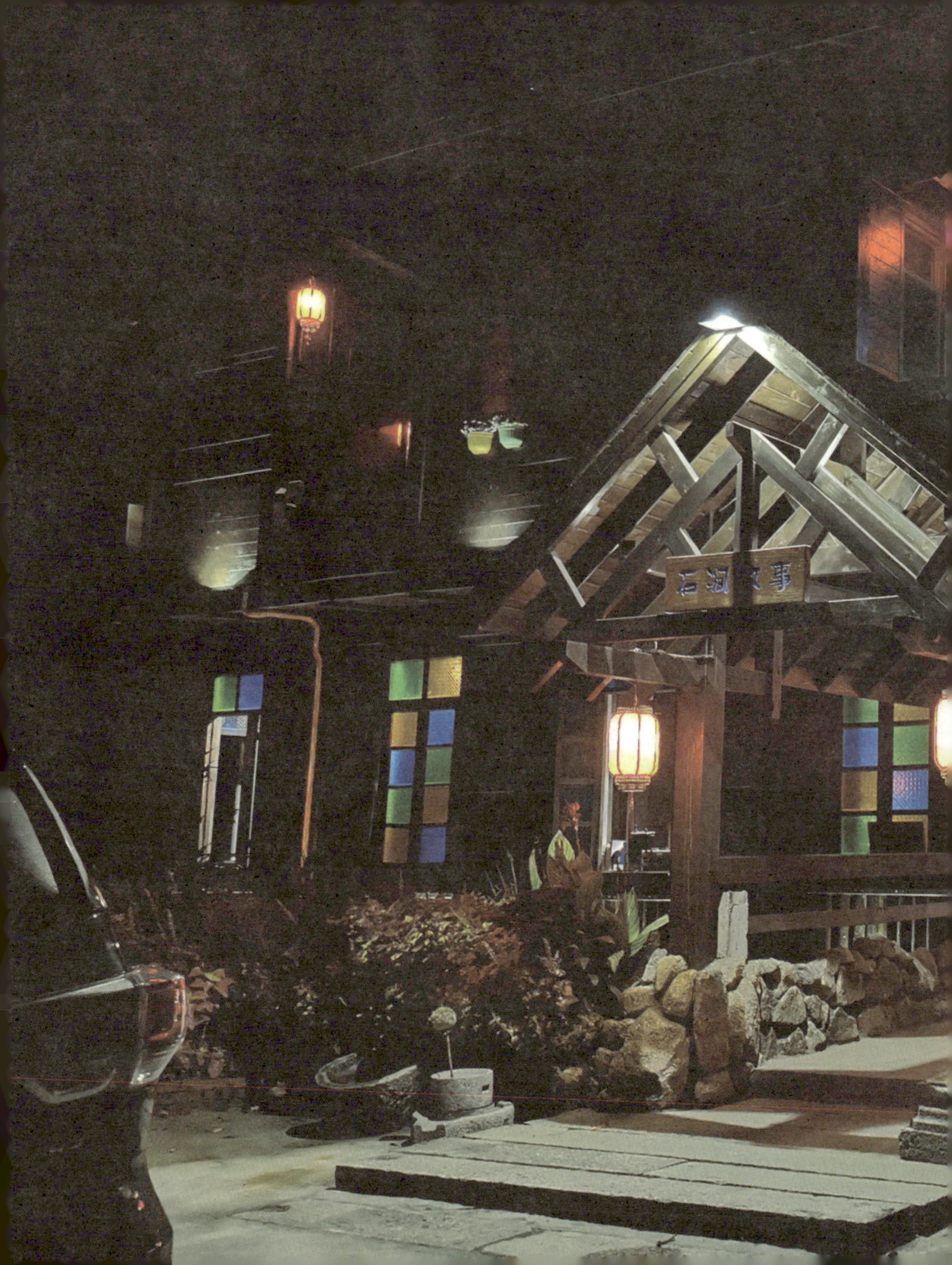

石洞故事

从本土美食开始

跟随导航的指引,沿着小路蜿蜒而上,便可到达新会人口口相传的优质民宿——"石涧故事"。颇有历史感的"砖木"结构,色彩缤纷的"满洲窗",光是外表就已让人生出一股穿越到二十世纪八九十年代的感觉。

苏炎香介绍,石涧故事民宿是在他们家闲置的老祖宅的基础之上改造而成的,民宿自2019年2月对外营业以来就备受人们欢迎,获得了众多好评，如今仍吸引着不少游客特地前往民宿下榻打卡，享受宁静的山林生活。

苏炎香夫妻二人都是新会石涧村人，他们原本从事的是餐饮行业方面的工作。2005年，夫妻俩攒了几万元，在石涧村买下一处老房子，有时还会精心烹饪一桌好菜约上朋友聚一聚。

当时私房菜刚刚起步，夫妻二人嗅到了其中的商机，在朋友的支持鼓励下，夫妻二人毅然放弃了原本的工作，着手将老房子改造成饭店，主营客家菜，全心全意地开始了石涧私房菜的道路。

一开始他们的私房菜饭店其实还没有什么名气，大多是老客带新客，才逐渐发展起来。石涧私房菜很有特色，招牌陈皮鸭、禾草鸡、客家甜酸鹅……都是客人的必点菜。如果民宿客人有需要，还可以提供点餐送餐服务。

随着时代的发展，新会的变化日新月异，自2013年石涧公园首期工程大石头公园对外开放后，吸引了一些游客来到石涧村旅游，带旺了饭店，私房菜的生意慢慢地越做越好了。

从饭店到民宿

"如果这里有住的就更好了。"食客的一句话成为他们打造石涧故事民宿的契机。石涧村旅游资源丰富，吃喝玩乐都有，唯独缺少了住的地方，于是苏炎香就动了开民宿的念头。

"这里背靠圭峰山，临近石涧公园，虽为城市近郊，但山林等自

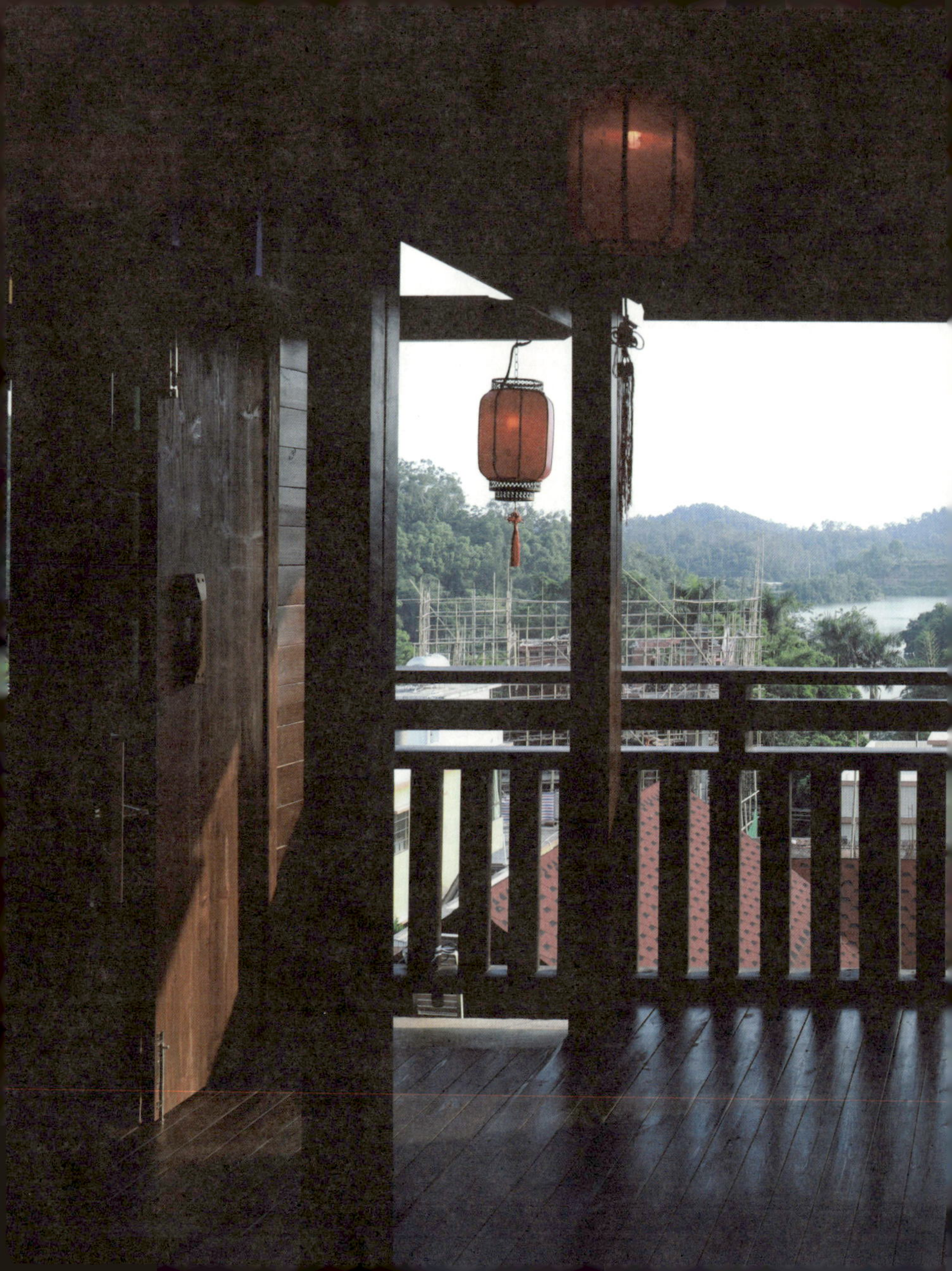

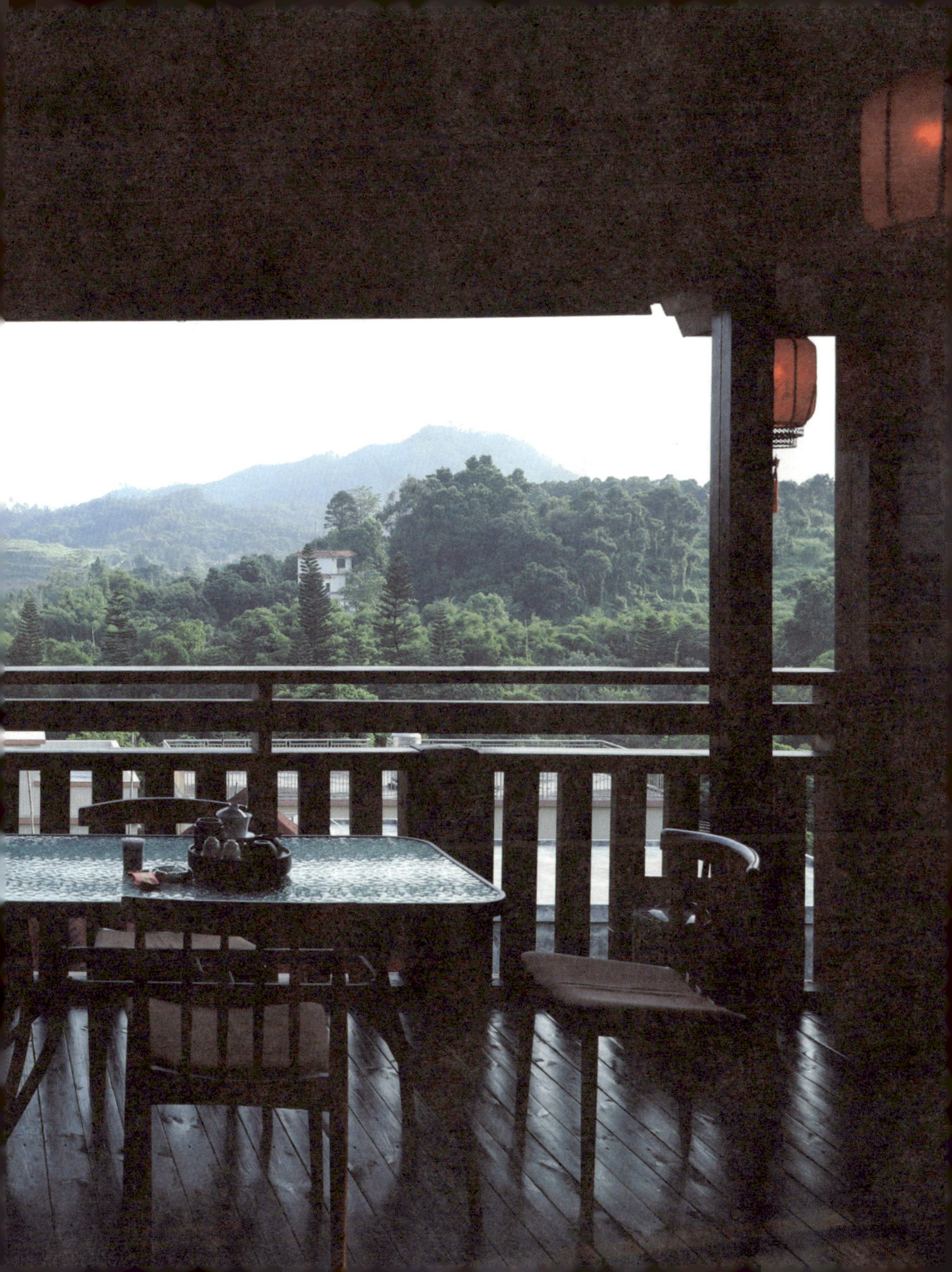

然屏障隔绝了都市的喧嚣，让每一位到访的游客都能静下心来欣赏美景。"在苏炎香看来，民宿对于选址的要求比较高，而石涧村地理条件得天独厚，山清水秀，加上刻字石景观多，人文气息浓厚，十分适合在这里办民宿。

苏炎香的朋友里也有不太看好的，觉得风险比较大，谁也不敢保证石涧村有足够的魅力吸引更多的人来这里旅游。但夫妻二人从小在石涧村长大，清晰地知道石涧村的价值，觉得在这里做民宿很有意义，所以还是决定尝试一番。

当时民宿方兴未艾，还没有像现在一样遍地开花，对于这方面，

夫妻二人也是一窍不通，隔行如隔山，因此从有想法雏形到实施行动这个过程比较长。他们在经过深入了解后，于2018年起开始动工建立石涧故事民宿，将自己闲置的客家祖屋改造成一栋三层的复古风民宿，这家民宿也成为新会第一家持证上岗的民宿。

用心待客是石涧故事的成功之道

民宿的灵魂在主人。苏炎香将所有来这里住宿的客人都视为她的朋友，把他们当成石涧故事民宿的主人，用心用情招待他们。平日里，苏炎香会主动邀请客人到民宿的客厅闲坐，与他们话家常。沏一壶茶，切好新鲜水果，呼吸着石涧的新鲜空气，三五好友话家常，是再惬意不过的事情。

"老板娘热情好客，服务周到。""无论老板还是服务员，都很热情有礼。""广东的山间民宿我住过几家，家家都有好风景，但论

舒适度，这家绝对是数一数二的。"……在各大民宿预订平台上，石涧故事民宿好评如潮，这是对苏炎香夫妻俩用心经营的最大肯定。

融入新会文化元素

石涧故事民宿依山而建，从民宿房间内的窗户远眺，石涧村的房屋错落有致，水碧山青，让人心悦神怡。相比于酒店，民宿更看重有无特色，因此苏炎香特意在民宿特色上做文章。

身为新会本地人，苏炎香十分注重在民宿中融入新会文化元素，如新会陈皮、新会葵艺等。同时，她在民宿里摆设了不少老物件，如拨盘式电话机、打字机、收音机等，小桥流水的后花园里，还摆放布满锈迹的"二八大杠"自行车，营造复古的感觉，令人沉醉其中。此外，民宿还在家具的设计中结合了当地的特色，到处充盈着复古气息，为游客营造了浓厚的怀旧氛围感。

目前，石涧故事民宿的民宿区共有10间客房，其中部分客房为主题房：陈皮主题房的墙上挂满玲珑剔透的小橘灯，散发出清幽的陈皮香；葵艺主题房用20多把葵扇装饰，造型现代而又古韵犹存。另外，还有8间各具特色的独栋庭院木屋客房。民宿内配套有公共休闲区域，有图书馆、咖啡吧、餐厅等。

除了传统民宿外，苏炎香还敏锐地捕捉到近年来最流行的游玩方式——露营。2020年，她在民宿背后的山坡空地上，大胆开辟"露营谷"，为旅客提供露营平台、住宿、房车租借等服务。

在苏炎香看来，石涧故事民宿不仅仅是一间民宿，还给游客提供了更多东西，在这里可以体验新会文化，感受"有温度的住宿，有灵魂的生活"。大部分来此的游客都能找到自己喜欢的空间，正如某民宿预订平台的评论所说："在这里可以逃离城市的车水马龙与不眠灯火，感受山间宁静村落的慢生活。"

何雯意

微信扫一扫
获取石涧故事民宿最新资讯

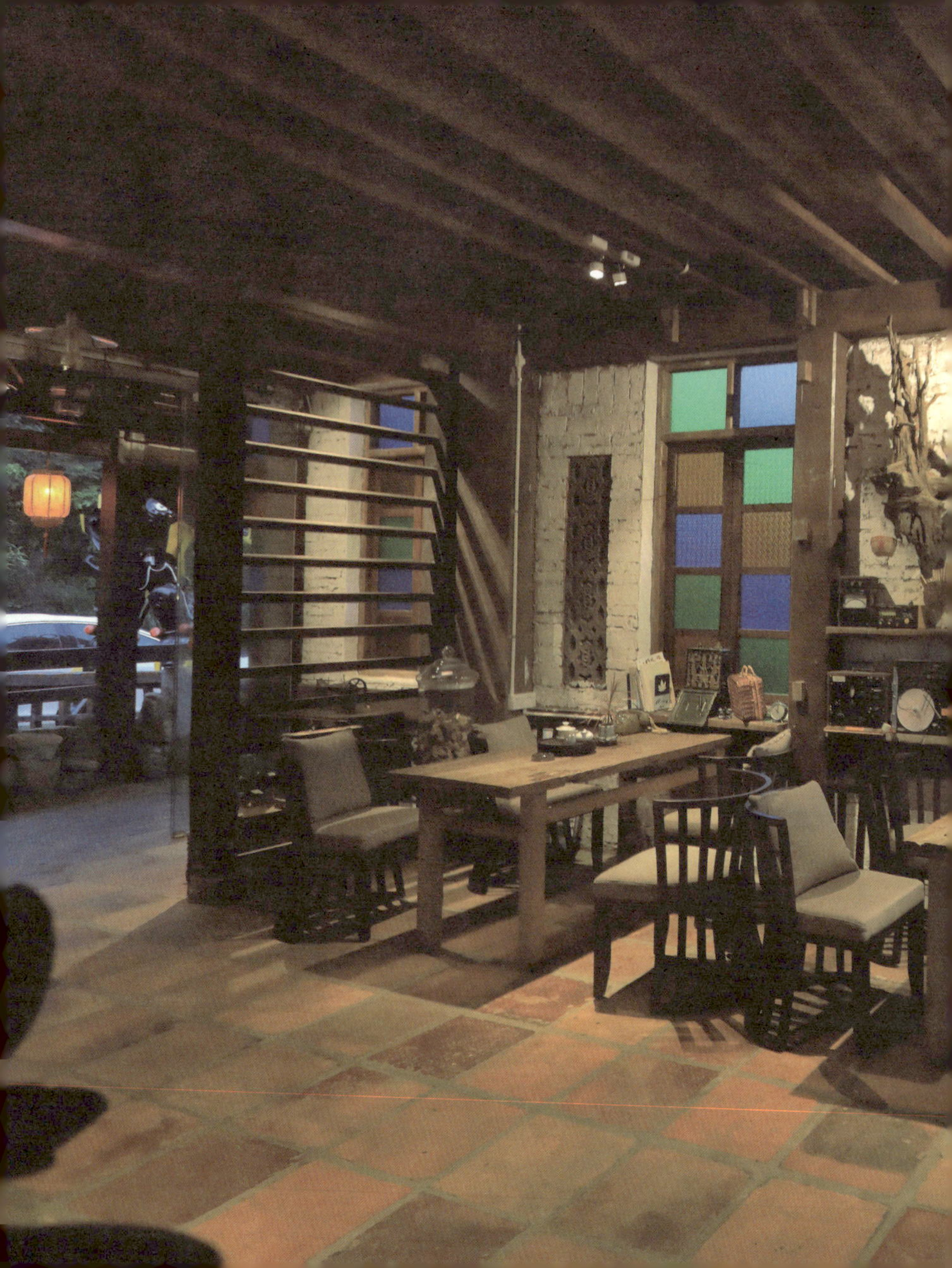

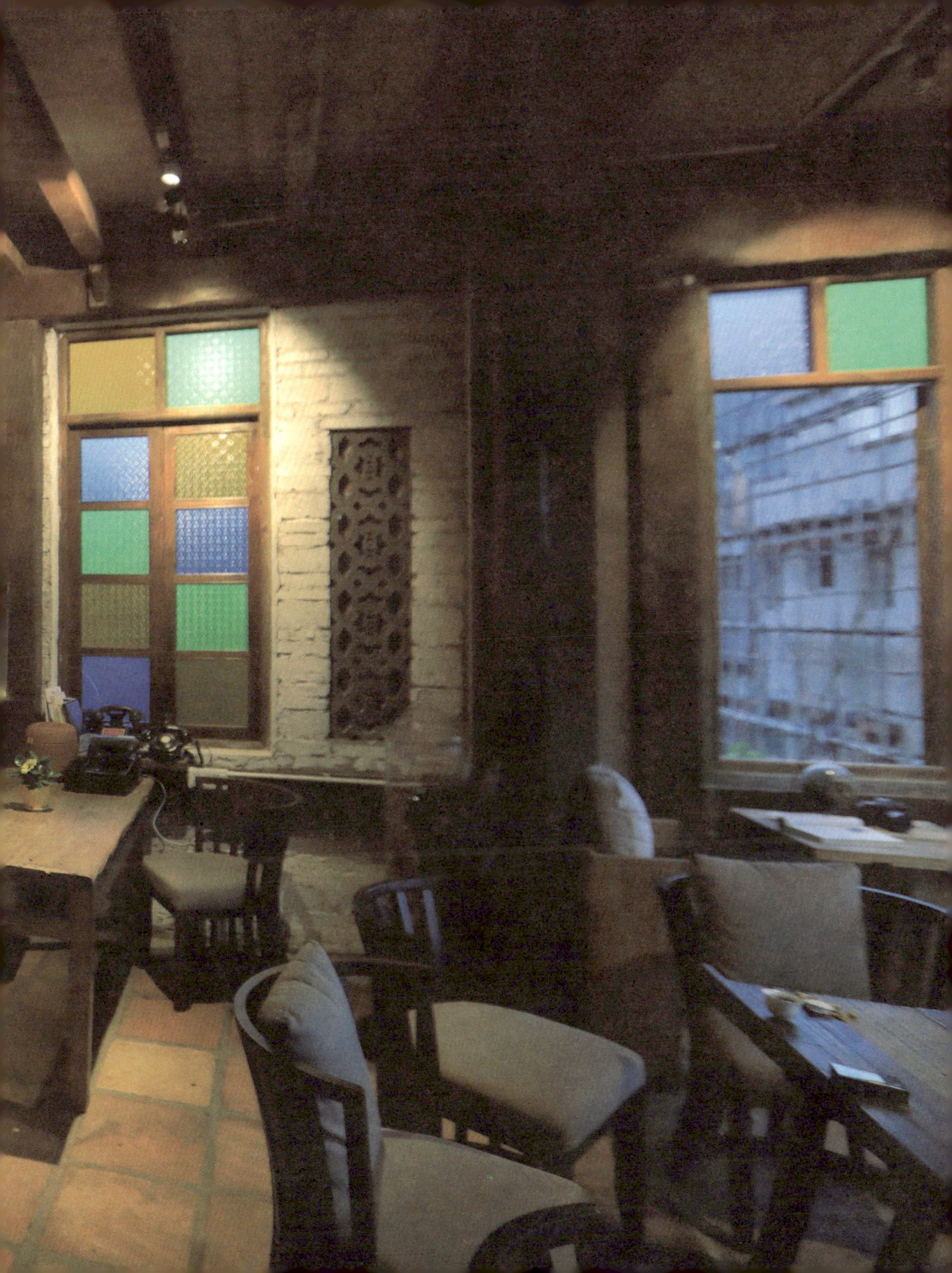

关键字：**广东省乡村民宿示范点、围炉煮茶、私房菜、房车营地、露营、团建**

周边景点推荐：**石涧公园**（距离400米）
圭峰山风景区（距离7.3公里）

石涧公园

　　位于新会圭峰山脚下，是集生态旅游、环境保护、休闲娱乐和运动健身等功能于一体的大型生态公园，冈泉魁境、翡翠湖、涧畔坪等景观引人入胜，可谓林木幽深，泉水丰沛，山石秀丽。冬季期间，公园里的水杉林也正值"变妆"时节，公园内的杉树渐次变红，或锈红，或金黄，或黄绿参半，在镜子般的水面反转倒映，呈现出一片绝美的秘境森林，成为摄影爱好者及市民游客争相打卡之地。

圭峰山风景区

　　位处广东江门市中心腹地，是中国国家森林公园，国家AAAA级旅游区，广东省省级风景名胜区，岭南儒学名山，山藏玉台寺为南粤四大丛林之一。圭峰山历史悠久，文化璀璨，生态优越，景观众多，景点独特，景色宜人，被誉为镶嵌在珠三角的一块绿宝石，润如圭璧，故称之为"圭峰"。其声名远播，誉满海宇，是中国南部首选的世界一流文化生态旅游胜地之一。吸引着天下无数的游客前来观光、旅游、休闲、度假、养生和玩乐。

石涧故事民宿

营业执照名称	石涧故事
地址	江门市新会区紫云路90号石涧村165号
预订电话	13702203088
房间数	10
床位数	16
民宿登记证号	JMXH001

柑璞居民宿

"新会柑"主题民宿，
都市人的"归园田居"

- - - - -

穿过五彩的蔷薇花拱门，踏入民宿，一股醇厚浓郁的陈皮香扑面而来，让身心不自觉地放松了下来。

这是位于新会的一家"新会柑"主题民宿——柑璞居，许多广州、深圳等珠三角城市的游客慕名而来。这里是都市人的"归园田居"，游客可在这里享受田园观光、农耕体验、休闲度假。

柑璞居

『新会柑』主题民宿
都市人的『归园田居』

情怀 | "90后"从都市回到农村开民宿

"90后"青年李漪莹和她的父母一家三口长期在深圳生活,经营一家酒店管理公司。

2019年,民宿行业逐渐兴起,李漪莹和父母就萌生了回家乡开民宿的想法。2020年,酒店生意低迷,这更坚定了他们回家乡开民宿的打算。

"我们一直眷恋自己的家乡,逢年过节,我们都会回乡。如今家乡越来越美,让我们看到了民宿市场的发展前景。"李漪莹说,在深圳的生活让他们感受到现代人对快节奏高压生活的厌倦和对慢节奏田园生活的向往,回乡创办民宿的想法在他们一家人心中生根发芽。

为了经营柑璞居,他们回到家乡司前镇石步村锦龙里,开启了与繁华都市截然不同的田园生活。

柑璞居占地400多平方米,自2021年5月1日开业至今已两年有余,是集田园观光、农耕体验、休闲度假于一体的特色民宿。凭借独具一格的风格和专业的酒店管理模式,柑璞居获评2021年广东省乡村民宿示范点。

之所以取名"柑璞居",李漪莹说:"我很喜欢'璞'这个字,它代表着从繁杂的快节奏生活中返璞归真,自由自在地享受生活,而'柑'则代表新会陈皮文化,这就是这家民宿名字的由来,也代表了我的民宿情怀。"

刚回到司前经营民宿时,李漪莹一度不适应新的生活节奏。她表示，虽然工作节奏不像在深圳工作时那么快，但其实日子也过得很充实，因为不仅在经营民宿，还在做自主开发的新会陈皮品牌"老柑人"。"我们回到了乡村创业，但思维不能仅局限于乡村，为了开拓市场，我们也开展线上平台直播等活动。"李漪莹说。

巧思｜融入"柑"文化

跟随李漪莹的脚步，记者走进了柑璞居。挑高的大堂空间十分大气，室内窗明几净、一尘不染。

陈皮的醇香扑面而来，让这家民宿充满独特的"柑"元素。李漪莹不仅是柑璞居的店长，也是一名室内设计师，她将与"柑"有关的巧思融入民宿的每一个角落：在民宿的大堂、楼梯、茶室，摆放着一些以小青柑作为元素的装饰品，小巧而精致。李漪莹笑着说，市面上没有现成以柑为元素的装饰品，这些装饰品都是她亲手制作的。

更巧妙的是，民宿的各个区域都是以"柑"为主题命名的，比如"心柑情院""柑道""听柑台""望柑台""柑主居"等。"我们希望入住的客人都能享受新会柑、新会陈皮的文化。"李漪莹说。

柑璞居的大多数客人都来自珠三角各地，如珠海、广州、深圳等，他们被新会陈皮文化所吸引，特地前来体验。每天晚上8点，柑璞居都会在"心柑情院"茶室举行陈皮茶分享会，这是每位入住游客都很期待的环节。李漪莹会泡上一壶热气腾腾的陈皮茶，跟他们讲述陈皮的前世今生，它的功效、用法，游客都听得津津有味。白天，李

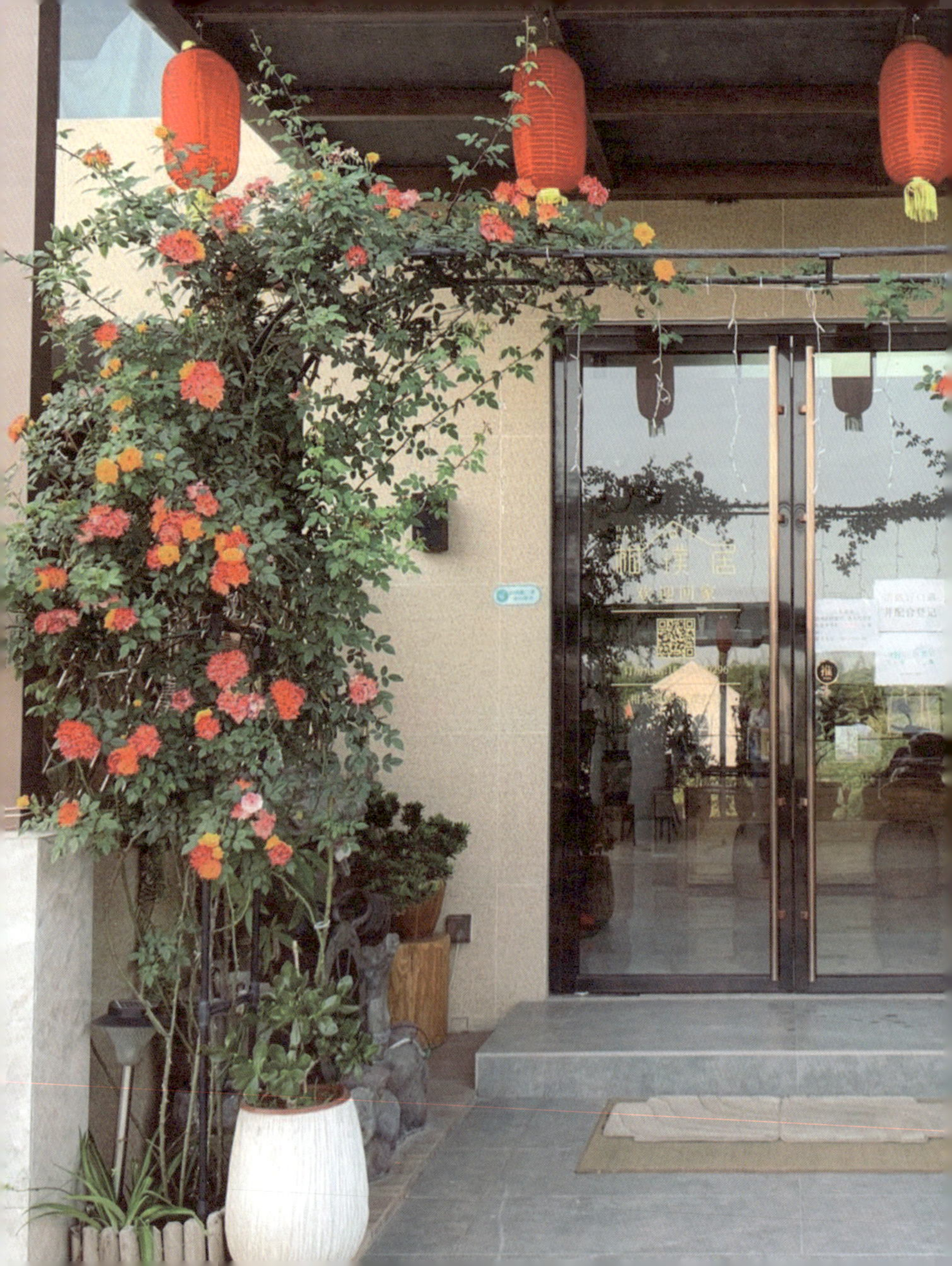

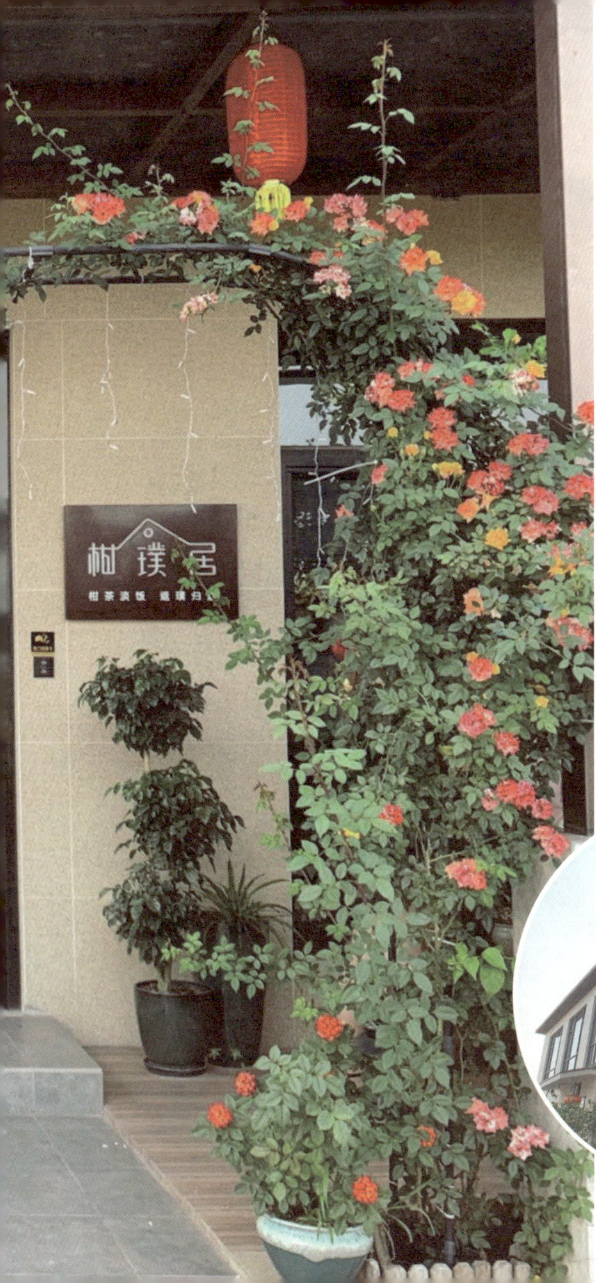
树璞居

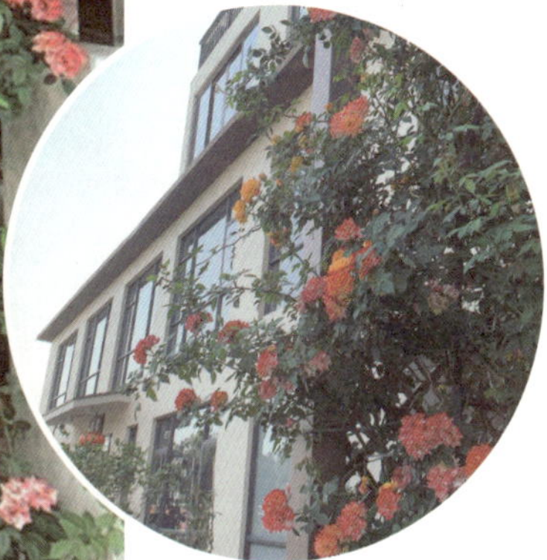

漪莹还会带他们看果园里的新会柑，告诉他们新会陈皮的历史文化故事，让客人全方位感受陈皮文化之美。

陈先生在广州工作，他对新会陈皮很感兴趣，在了解到新会有一家新会柑主题民宿后，特意与家人从广州自驾来到柑璞居民宿。在"心柑情院"，他品着陈皮茶，与民宿主人一直聊到凌晨1点多才舍得回房间休息。

正因有了这些融入"柑"文化的巧思，才让柑璞居有着区别于酒店的精美、细致，似乎每一件小小的挂件都在述说着民宿主人的动人故事。在李漪莹看来，民宿，是一种情怀，也是一种出行的体验方式。游

客喜欢民宿，可能是因为建筑、产品、周边环境，还可能是被民宿主人的故事所吸引。

"新会柑、新会陈皮是新会的特色，也是我们祖辈几代都在传承的，希望外地游客来到民宿，能通过我们的讲述及实地体验，对'柑'文化、新会陈皮文化有更多的了解。"李漪莹说。

坚守 | 迎来春暖花开

石步村保留有碉楼和四合院建筑，充满淳朴而安静的气息，柑璞居现代而独特的建筑风格在历史悠久的古村里，犹如一阵新风，拂过每一位对田园生活和陈皮文化有兴趣的旅人。

柑璞居共3层，有13间客房。随手推开一间客房的房门，一眼便能透过宽敞的落地窗，眺望窗外大片的花海、果园，开阔的视野让人心旷神怡。每一间客房都将现代风和田园乡趣独有的生活品位相结合。

李漪莹说，房间的落地窗透露四季更迭的田园画卷，田野的风景

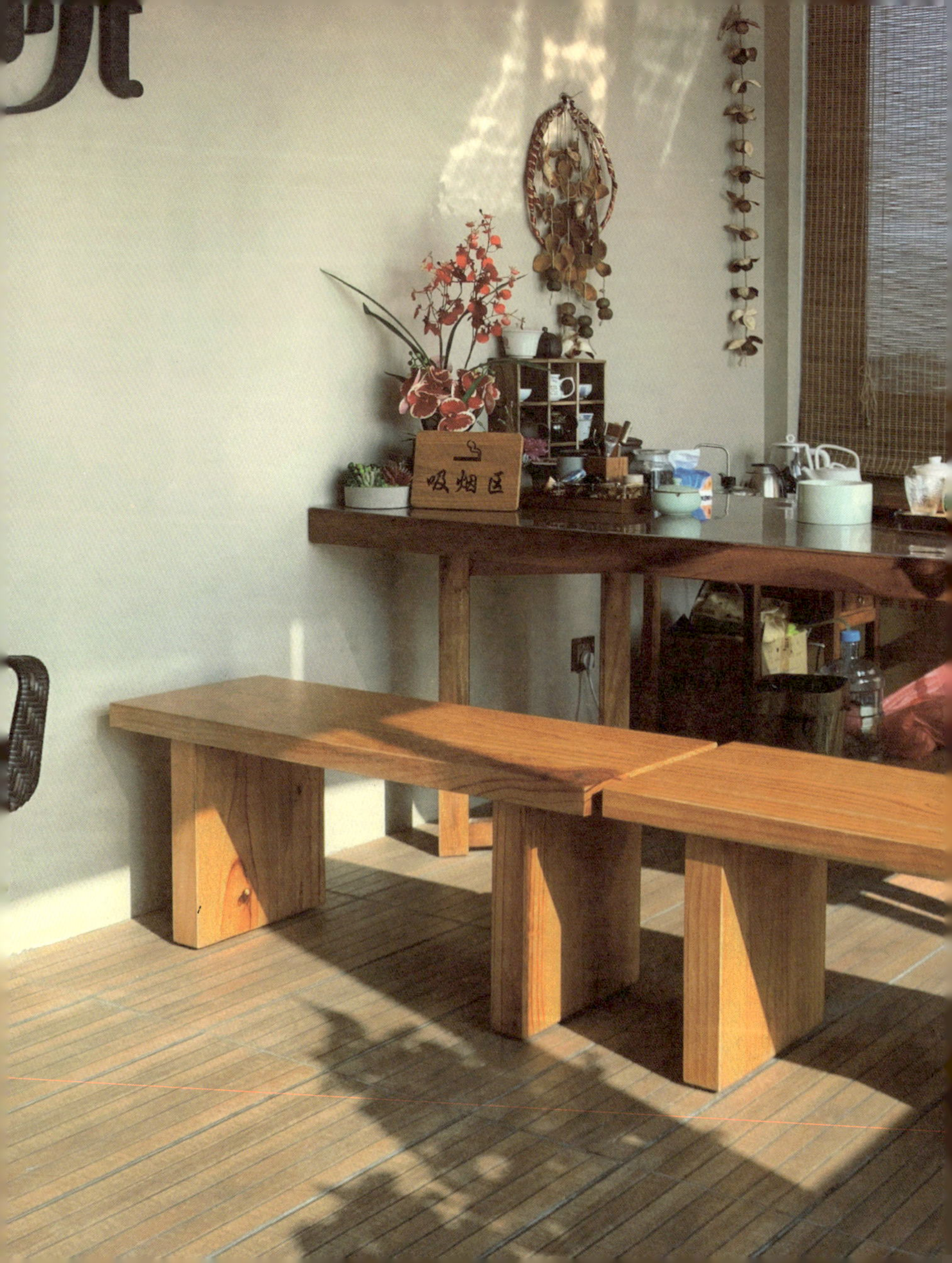
吸烟区

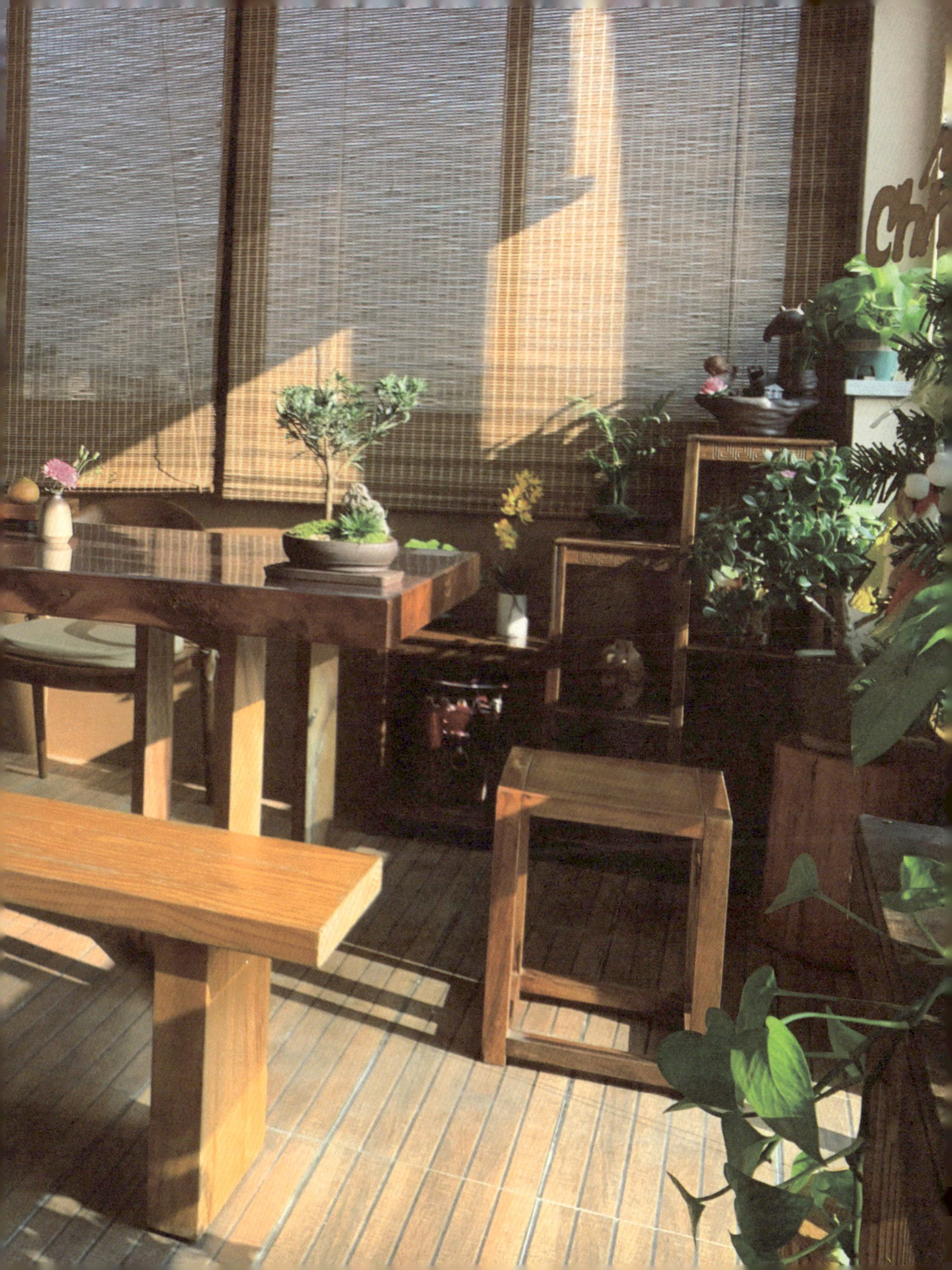

是每个人心中的世外桃源。在这里,旅客可以伴着大自然的袅袅之音入眠,然后在花朵绽放的清晨中醒来,展开卸下身心疲惫的心灵之旅。

"为了让游客能够享受田园式的生活,我们在民宿外围设计了花海和果园。"李漪莹指着窗外大片的田野笑道。花海种植了各种时令鲜花,繁花盛开时经常会有游客前来打卡,果园一年四季都有收成,供游客采摘。

与其他民宿不同,柑璞居给人一种现代的感觉,房间宽敞明亮。李漪莹解释,父亲在深圳经营一家酒店管理公司,拥有27年的酒店管理经验。"我们沿用了管理酒店的标准来管理柑璞居,所以顾客能享受到酒店式管理的服务,也能享受民宿特有的情怀。"

"近年来,民宿市场受到很大影响,我们的民宿也无法独善其身。但这些困难没有阻碍我们坚守柑璞居的步伐,现在终于是迎来了'春暖花开'。"李漪莹说。

李银换

柑璞居民宿

营业执照名称	柑璞居
地址	江门市新会区司前镇石步村新地村民小组
预订电话	13751124254
房间数	14
床位数	21
民宿登记证号	JMXH002

微信扫一扫
获取柑璞居民宿最新资讯

关键字：**广东省乡村民宿示范点、新会陈皮、田园生活、乡村旅游**

周边景点推荐：**小鸟天堂**（距离33公里）

小鸟天堂

是一个以独特的鸟类生态风景为主题,集生态旅游、文化旅游、健康旅游、休闲旅游于一体的旅游风景区。先后荣获"广东省环境教育基地""广东最美丽乡村示范点""珠三角特色景观"等荣誉称号。"一株榕树便天堂"概括了小鸟天堂的特征。400多年前,这里原是一个泥墩,一棵榕树经长期繁衍,形成树冠覆盖面积达1公顷的"独木林",是世界最大的独木水面古榕,泥墩也成为绿岛,远看像一片浮动绿洲的古独榕,堪称南国奇观。1933年,文学大师巴金先生到新会访友,偶遇奇观。美好的景色激发了他的创作激情,写下了优美散文《鸟的天堂》,小鸟天堂声名鹊起,蜚声海内外,令无数游客心驰神往。

隐沙小筑民宿

为石板沙"增颜增值"

- - - - -

不远处,红着脸的夕阳点燃江面,飞鸟唱着歌掠过江面回归山林,缕缕炊烟从村居的屋顶上探出头,这是石板沙民宿——隐沙小筑贰号的独特落日光景。不少在石板沙游玩的游客并没有选择归家,而是选择坐在民宿的阳台前享受着凉爽的江风,看着水天一色的夕阳美景,沉浸式感受着宁静舒适的"归隐"生活。

近年来,随着石板沙岛内民宿等旅游配套设施的完善与丰富,它们进一步与岛上优美恬静的风光、别具特色的疍家文化等优势资源融

隐沙小筑

树树皆秋色
山山唯落晖

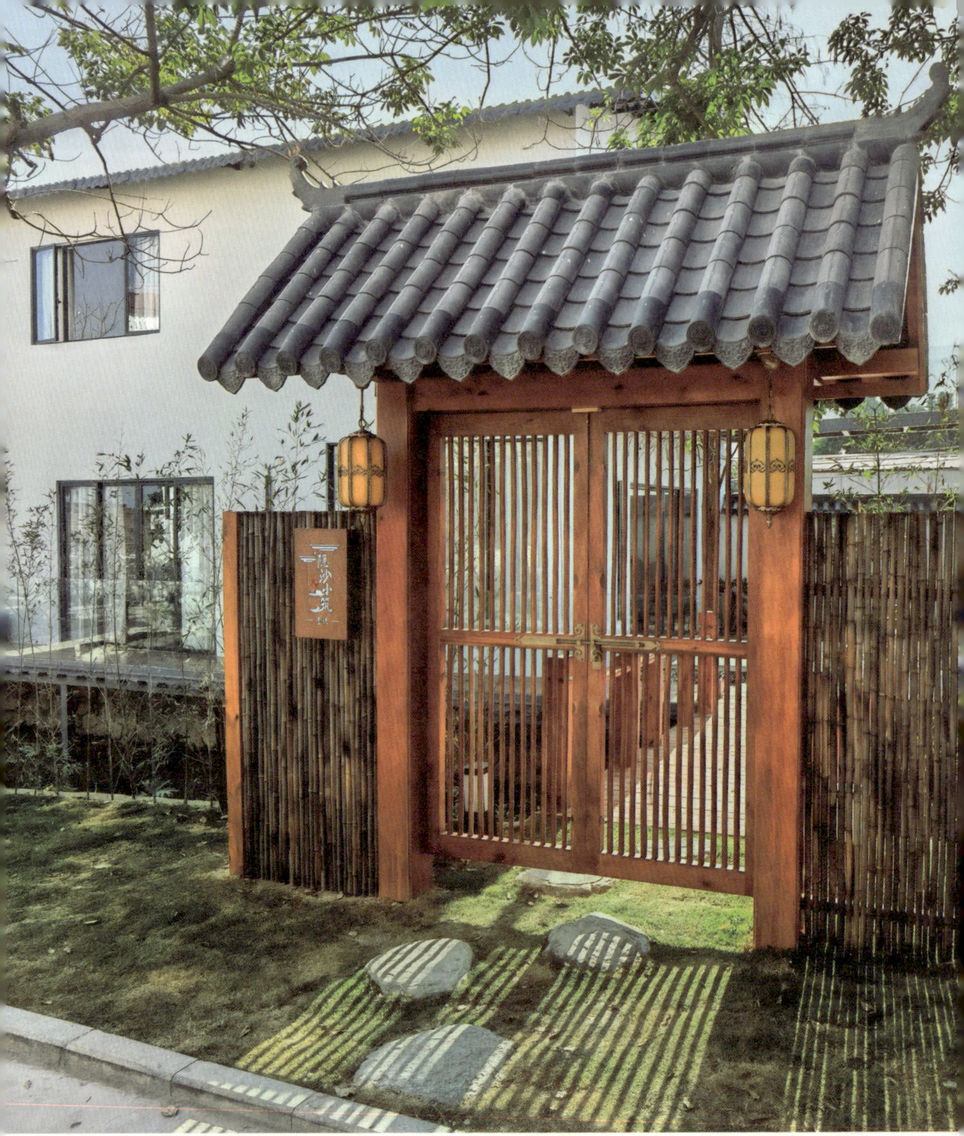
隐沙小筑

合发展，共同在广东省西江上绘制出一幅充满疍家风情的绮丽画卷。

热爱故土｜融合本土资源与现代元素

石板沙，也称为石板沙疍家风情岛，是广东省西江上的一座小岛，地处"珠中江"中心区域，新会区东大门睦洲镇的最东面，面积约2.5平方千米。受独特地理环境影响，生活在这里的村民世世代代都以捕鱼为业，由此形成了历史悠久的疍家文化。

隐沙小筑民宿主理人吴锡球是江门蓬江人，但从小在新会长大，与新会结下了深厚的感情。"偶然的一次机会，在朋友的介绍下，我来到了石板沙这座美丽的小岛上。"善于观察的吴锡球发现，石板沙不仅拥有独特的风土人情，岛内还有很多可用于旅游开发的基础设施。就这样，他萌生了投资石板沙、发展民宿的想法。

经过一段时间的筹备，吴锡球先后在石板沙兴建了两家别具疍家特色的民宿——隐沙小筑壹号与贰号，现均已投入运营。

隐沙小筑壹号毗邻疍家风情街，既有石板

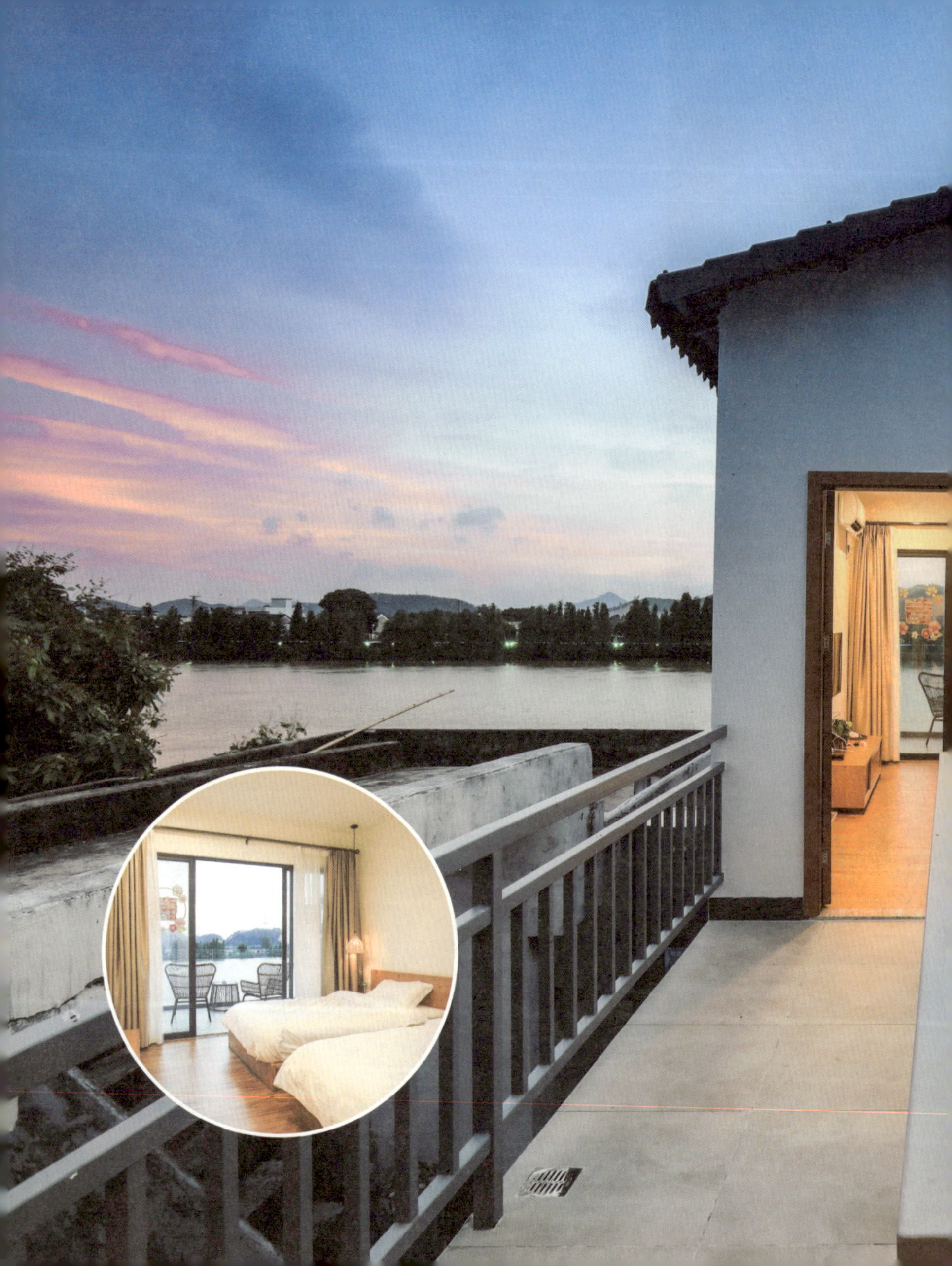

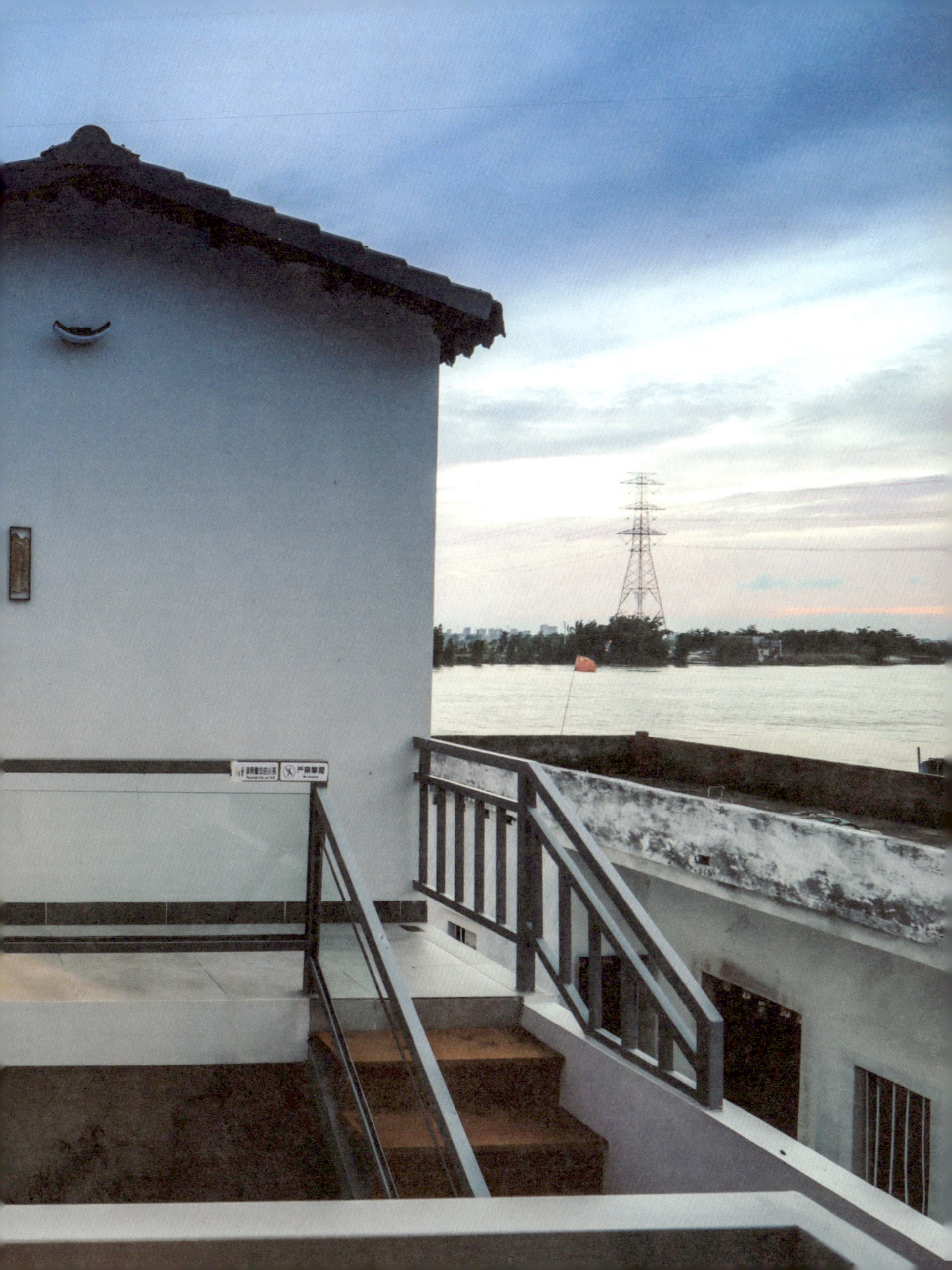
严禁攀爬

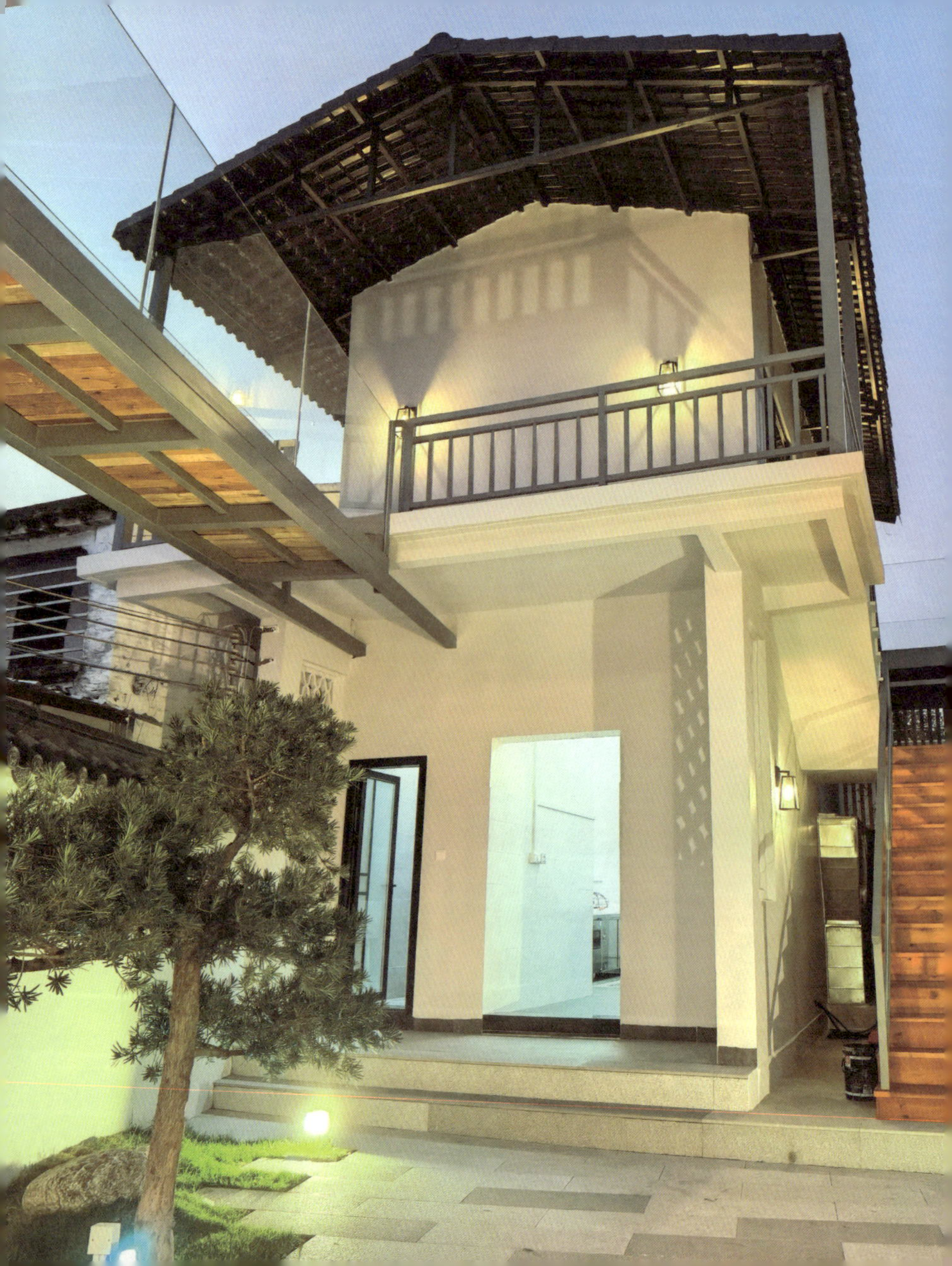

沙独有的疍家文化元素，又结合了中式园林景观风格。置身其中，使人远离喧嚣，回归宁静，别具风味。清晨，隐沙小筑壹号莺啼鸟啭、亭台流水，漫步其中，任雨穿林打叶，吟啸徐行，甚是惬意。下午，在阳光的照耀下，树影斑驳，"风移影动，姗姗可爱"。傍晚，金黄的夕阳洒落在隐沙小筑壹号院后，民宿内"树树皆秋色，山山唯落晖"，宛如一幅色彩浓丽的秋色油画，十分美丽。夜幕降临，华灯初上，民宿内亮起盏盏灯光。温暖的灯光照在洁白的墙壁上，民宿整体亮而不耀眼，祥和宁静，并增添了一份浪漫。

不同于隐沙小筑壹号，位于江边的隐沙小筑贰号有着别样的江边风情景观。

为了更好地与环境相融，隐沙小筑贰号在外观设计及室内布局上，都增加了一定的禅元素。"我们致力于为那些自都市而来的倦客提供一处静谧的空间，使他们全身心得到放松。"吴锡球说。

白天，拿一把椅子，安静地坐在毗邻西江边的隐沙小筑贰号的阳台上，看着泛着波光的江水，听着淙淙的江水声，迎着习习的江风，只此一刻，便拉近了人与自然之间的距离，享受"飘飘乎如遗世独立，羽化而登仙"的安闲禅意。日落黄昏，渔舟唱晚，夕阳倒映在江面上，霞光洒下，波光粼粼，是日间不曾见到的彩色黄昏。晚上，星光汇聚点亮石板沙上空。置身在隐沙小筑贰号，抬头，目之所及是满天星辰；低头，触手可及是"人间星河"。不少游人看到西江夜景后，惊讶之余，纷纷感慨"醉后不知天在水，满船清梦压星河"。

不论是隐沙小筑壹号抑或贰号，都已经成为促进石板沙特色旅游发展的重要组成部分之一，也都是石板沙新的亮丽风景线。

整合资源 | 多业态组合提升游客体验

怀着对石板沙的喜爱之情，除了兴建民宿，吴锡球还成立了江门市朗盈文旅发展有限公司，并积极带领公司团队与当地村委会开展合作，在已有民宿的基础上，进一步探索乡村旅游规划，共同建设石板沙。

经过一番考察，吴锡球及其团队把目光聚焦到石板沙的一大特色——疍家美食。西江河鲜资源丰富，石板沙村村民世代靠渔业谋生，所以当地的河鲜美食尤为出名。其中，黄沙蚬、黄鱼、河虾更被誉为"石板沙三宝"。

很快，吴锡球及其团队在隐沙小筑贰号旁，开了一家具有疍家风情的餐厅，进一步完善了民宿的配套设施。餐厅以历史悠久的石板沙河鲜美食为切点，深入挖掘本土特有美食，如村民自制的豆腐花、葛根粉、陈皮等，让游客在品尝河鲜佳肴之余，又能够感受淳朴的乡村美食，在筷子与舌头之间，品味石板沙的别样风情，充分享受来自原生态小村庄的美食大惊喜。

为完善民宿的配套设施、满足游客的文化需求，以及促进石板沙的持续发展，吴锡球及其团队还努力探索文旅融合发展新道路、助推公共文化服务与旅游资源联动。如今，在石板沙游客服务中心提供阅读服务的石板沙"粤书吧"便是区、镇、村多级部门与江门市朗盈文旅发展有限公司共同建设的新成果之一。

"粤书吧"是广东省文化和旅游厅为推进文化和旅游深度融合发展，推动旅游设施引入公共文化设施的重要举措。石板沙的"粤书吧"不仅仅为游客提供阅读服务，同时也是当地居民休闲阅读的好去处。只要有需要，居民和游客随时都可以借阅。忘掉忙碌的工作生活，在环境优美的阅读之地，游人可重拾安静阅读的体验，再次品味阅读的幸福。

同时，为进一步贯彻落实"全面实施乡村振兴战略"要求，实现全域旅游驱动型乡村振兴发展模式，吴锡球及其团队通过不断深挖石板沙疍家特色文化，不仅成功策划了疍家文化节、毛蟹节等系列文化

活动，还不断探索开发石板沙与游学、研学基地的新发展路径，拓展乡村文化振兴新路径。2021年4月30日，石板沙疍家风情岛游学、研学基地暨李力持微电影教育培训基地（江门）启动仪式成功在石板沙举办。

通过与石板沙当地村委会合作，近年来，江门市朗盈文旅发展有限公司在保持岛内原有文化、景观的基础上，围绕"一岛一村一世界"主题，以"疍家文化"为核心，相继建设了不少民宿，进一步改造游客游览的环境及设施、优化管理配置，提升岛内环境，朝着"一路""一水""一街""一园""一心"的方向进发，打造具有疍家风情、美食、休闲、水上游览的美丽乡村，为石板沙"增颜增值"，助推岛内乡村旅游的发展。

在各级党委政府的正确领导下，各主管部门的多方努力下，石板沙荣获国家AAA级旅游景区、2020年中国美丽休闲乡村、2019中国最美乡村、广东美丽乡村特色村、广东省休闲农业与乡村旅游示范点、江门市美丽乡村示范村等称誉，更有着岭南水乡风情的"乌镇"、广东省"鼓浪屿"的美誉。

陈倩婷

隐沙小筑民宿

营业执照名称	江门市朗盈文旅发展有限公司
地址	江门市新会区睦洲镇石板沙村隐沙小筑壹号
预订电话	18899823328
房间数	4
床位数	5
民宿登记证号	JMXH003

微信扫一扫
获取隐沙小筑民宿最新资讯

石板沙疍家风情岛

　　石板沙疍家风情岛位于睦洲镇最东面，是西江上的一座小岛，主岛面积约4000亩，岛上环境恬静、民风淳朴、疍家文化别具特色，黄沙蚬更是远近闻名，是国家AAA级旅游景区、2020年中国美丽休闲乡村、中国最美乡村、广东美丽乡村特色村、广东省休闲农业与乡村旅游示范点、广东省文化和旅游示范村等。2016年起，围绕打造"疍家水乡风情岛"，不断深入挖掘乡村文化，建成疍家文化中心、打造文化创作基地、引入墙画艺术文化，并先后推出环岛马拉松、开耕节、疍家文化节、蚬壳画展、季节赏花等系列活动，焕发乡村活力。

关键字：**疍家风情、黄沙蚬、河鲜**

周边景点推荐：**石板沙疍家风情岛**（景区内）
长廊生态园（距离16公里）

长廊生态园

　　位于江门市江海区东海路湿地公园内，占地面积33万平方米，以"生态+观赏、玩乐、吃喝、养生、研学、拓展"为发展基调，将园区划分为"自然观赏区""农耕体验区""教育体验区""动物互联区""亲子游乐区""风情美食区"6个区域，力求将观、赏、研、学、游、玩、娱、购、商、养、闲、情融为一体，是一个集农耕体验、旅游观光、休闲度假、健康养生、教育文化等多功能于一体的现代农业生态园。

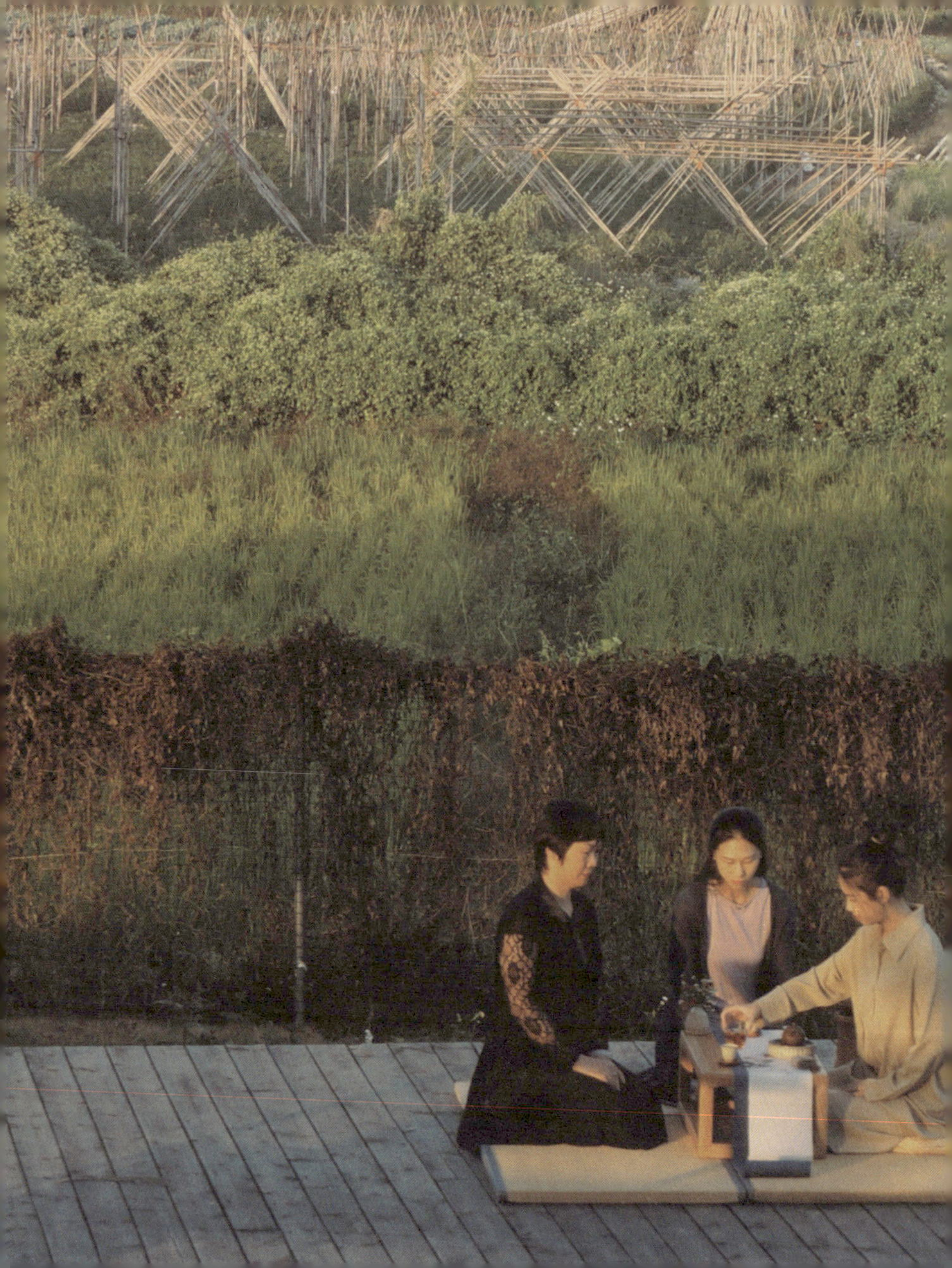

台山市

- 望岗碉楼民宿
- 玄潭原舍民宿
- 四九书院民宿
- 侨居文宿
- 光大雅舍民宿
- 喜相汇民宿
- 逸泉公馆民宿
- 格局民宿
- 倮泉坞民宿

望岗碉楼

半卷闲书 一壶茶
一方庭院深幽处

望岗碉楼民宿

望岗碉楼民宿

山野田间追逐诗与远方

- - - - -

　　在熙熙攘攘的都市里,"采菊东篱下,悠然见南山"的山水田园情怀勾起我们对乡村的无限向往。

　　位于台山市四九镇的望岗村也许可以满足你。这里是台山市最早开发民宿的村落之一,也是江门第一家用碉楼改造的民宿。

　　在这里,你可以摆脱都市压力的束缚,让疲惫的心灵得到宝贵的歇息机会;可以住进民国时期中西合璧的华侨建筑,感受浓浓的侨乡文化风情;更重要的是可以找寻到久违的归属感,遇见最美的自己。

一砖一瓦 皆有心思

"一方庭院深幽处,半卷闲书一壶茶。"这句话用来形容望岗碉楼民宿恰到好处。

多年前的新年,湘湘遇见了它——望岗碉楼,就对它一见钟情。即便它陈旧沧桑,但在温柔纯粹的湘湘眼里它依旧千百柔情。历经三年的倾心改造,湘湘使它保留当初的模样和性情,并为它增添了更多的生气和温暖的情调。

推开民宿的大门,一个宽敞明亮的院子显现在眼前,让人身心放松下来。院子内,湘湘特意搭建的亭子,可以让你盘膝而坐,煮茶看书,慢慢享受时间的流逝。越过院子,连片稻田映入眼帘,一年四季稻浪花香,早晨或者傍晚更是可以坐在这里喝茶、聊天,颇有"采菊东篱下,悠然见南山"的惬意与情怀。

转身进入室内,就是民宿的客厅休闲区。彩色的玻璃、老旧的地砖、木质的桌椅……处处洋溢着民国风情,颇有种穿越到民国,造访大户人家的感觉。

沿着楼梯而上,共有6间客房,每间客房都有自己独特的名字,"望水、望云、望田、望山、望月、望星"。

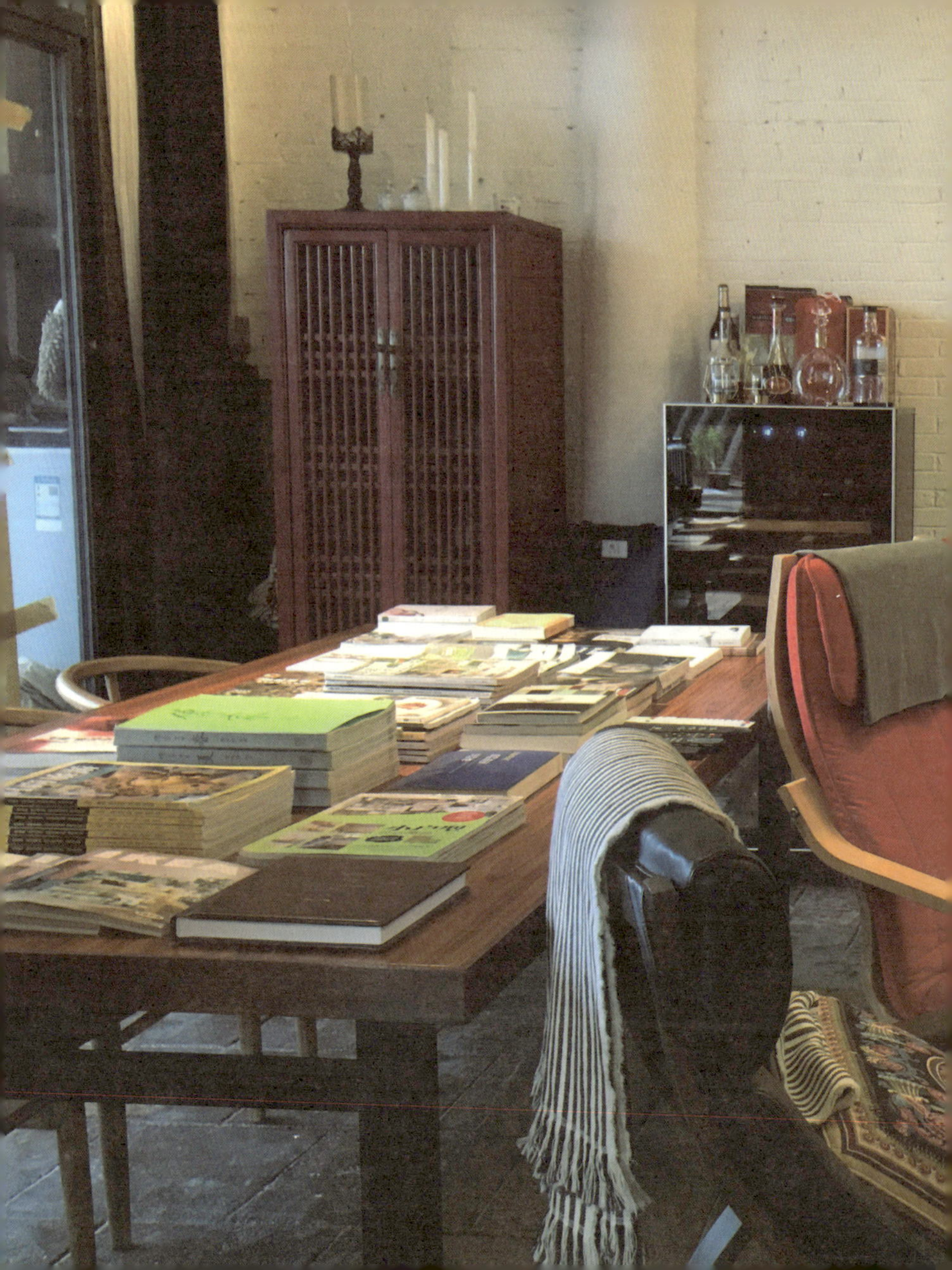

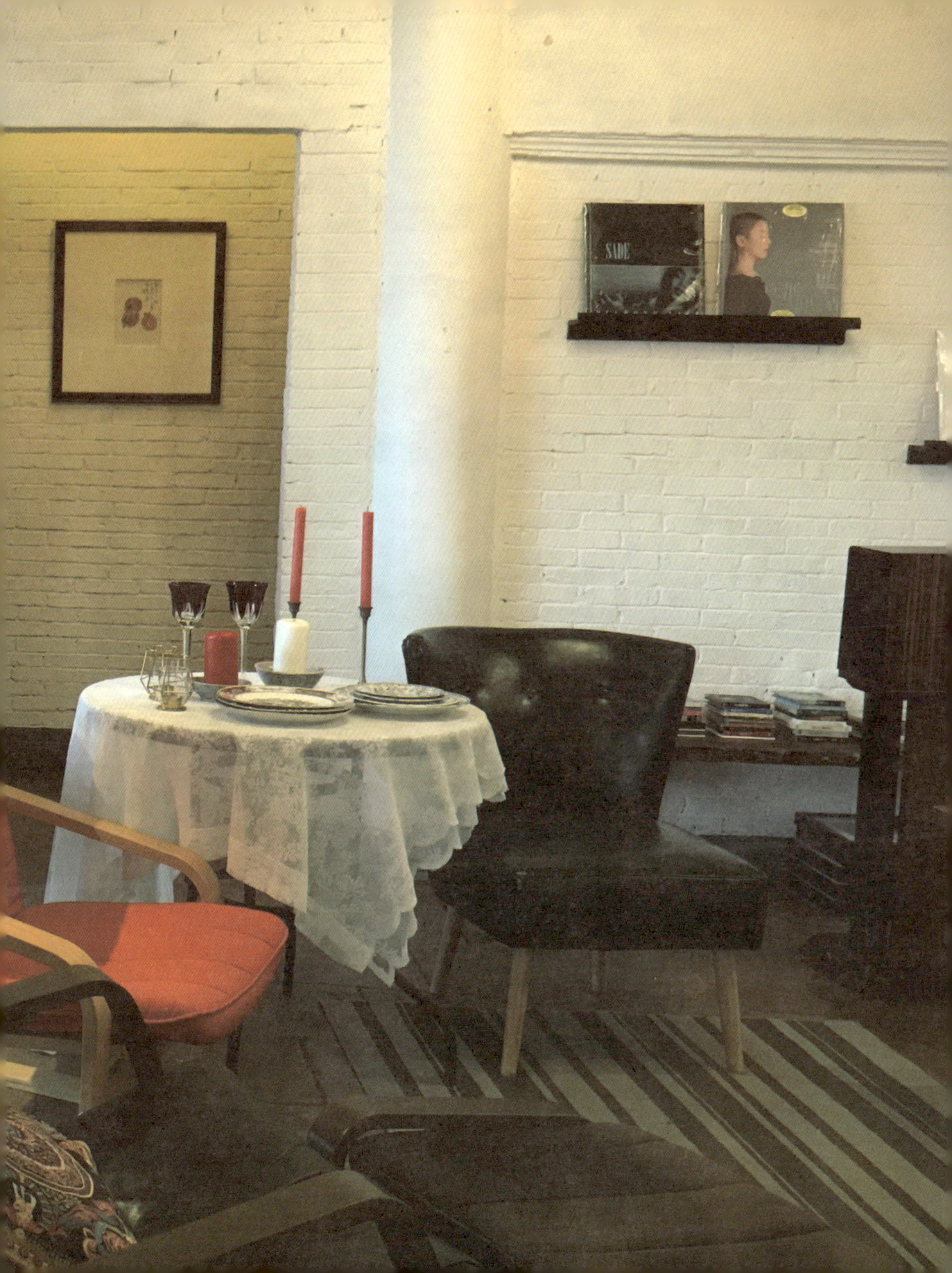
SADE

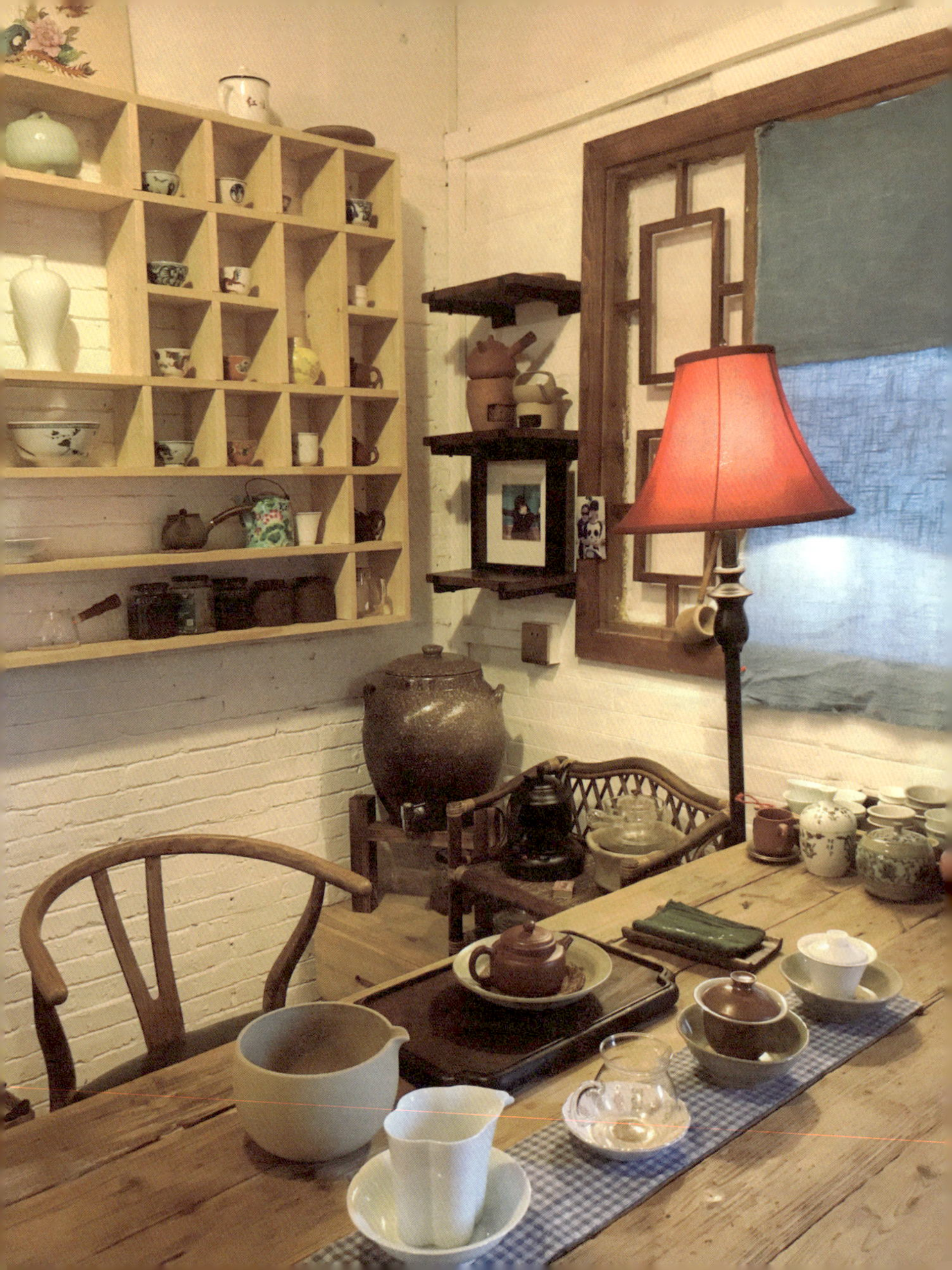

客房内部空间不大，却颇温馨，而且房型多样，适合情侣、闺密或一家人居住。房间内，你可静坐窗前看书，小窗在白色纱帐后面透着光，若隐若现，灵动生气。在日式榻榻米房，你更是可以盘坐于榻榻米上，可品茶、可小憩、可安睡，亦可让小朋友玩耍翻跟头，舒适且趣味无穷。

如果你喜欢登高望远，可以上碉楼的天台，把北峰山和整个村落尽收眼底，粉墙黛瓦的民居错落有致，相映成趣。

除了碉楼被改造成民宿外，旁边的私塾也进行了改造。推门而进，迎来的是复古的玄关，古朴典雅宁静随之而来。室内每个角落，都有湘湘用心布置的小物品。老木博古架摆放着主人收藏多年的瓷瓶物件；一张长条桌，摆满了供游客阅读的杂志；靠墙的书架，挂着"清风书社"的牌子，文化气息瞬间拉满，架子上的书籍供游客随意阅读……乏了，渴了，这里还贴心地设置了吧台，湘湘精选的咖啡也向游客提供。

打卡

关键字：**广东省乡村民宿示范点、归隐田园、私房菜、小型聚会**

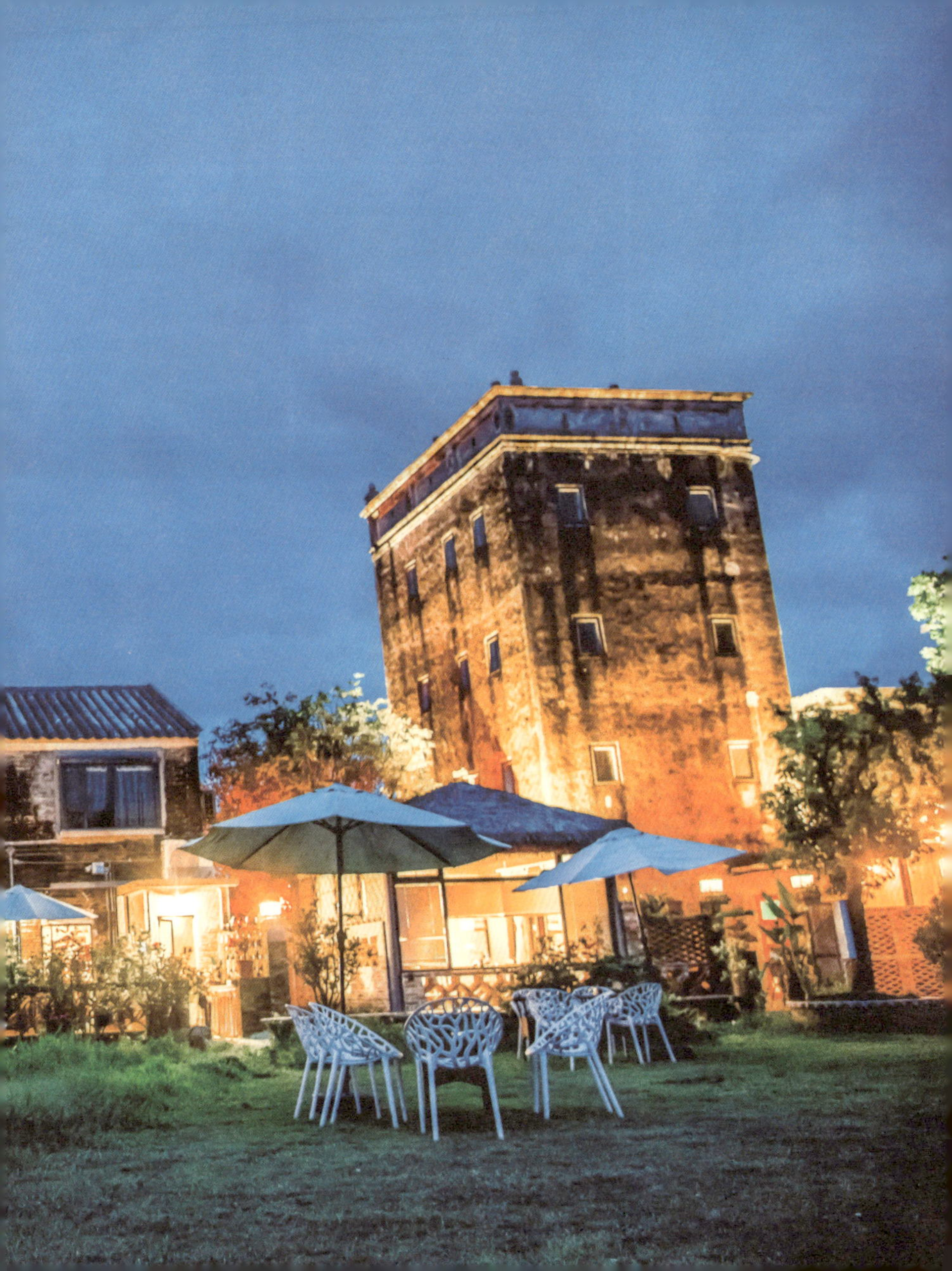

诗与远方　携手同行

据湘湘介绍，四层高的望岗碉楼，是20世纪40年代原台山人民医院院长的故居，他曾留学于东京大学医学，现在家族都居住在加拿大。

当时，望岗村周边已有南村艺术部落，并且在艺术圈中声名渐起。但由于艺术部落与村里尚有一段距离，望岗村尽管古色古香，一直未被外界所熟知。

"一个偶然的机会，我来到这里，当时就被惊艳了。在这里，我找到了对的感觉。"于是，湘湘有了在这里打造民宿的构想。

有田野，便可以在秋季看到金稻漫山野；有碉楼，便可以改造成令人舒适放松的民宿；有私塾，便可以让朋友来到村子的时候，一起坐下来聊聊天……如此种种想法，使湘湘于2015年与当地签订合约，开始改造私塾、碉楼及开辟田野。

"从清晨到傍晚,美美地待在院子里,享受发呆的生活……"这是一位网友发在朋友圈的周末生活,配图里,三五好友聚坐在望岗村喝茶、闲聊。

来自中山的庞国勇,已是多次入住望岗村民宿。"中山也有乡下,可惜已经没有乡下的味道。但是这里有,很舒服,可以让整个人慢下来,享受悠闲时光。来多了与民宿主人就感觉像走亲戚,特别亲切。"庞国勇说。

"如今这样的游客越来越多。他们不再满足于走马观花式的'到此一游',而是更倾向于纯放松的度假。"湘湘说,这样的客人大多都会成为回头客,他们一有时间,就会带上家人,或呼朋唤友,来这里享受宁静的时光。其中,有6个分别来自瑞典、芬兰、法国、意大利等国家的家庭,每年都会来这里两三次,近两年,更是中秋、圣诞都

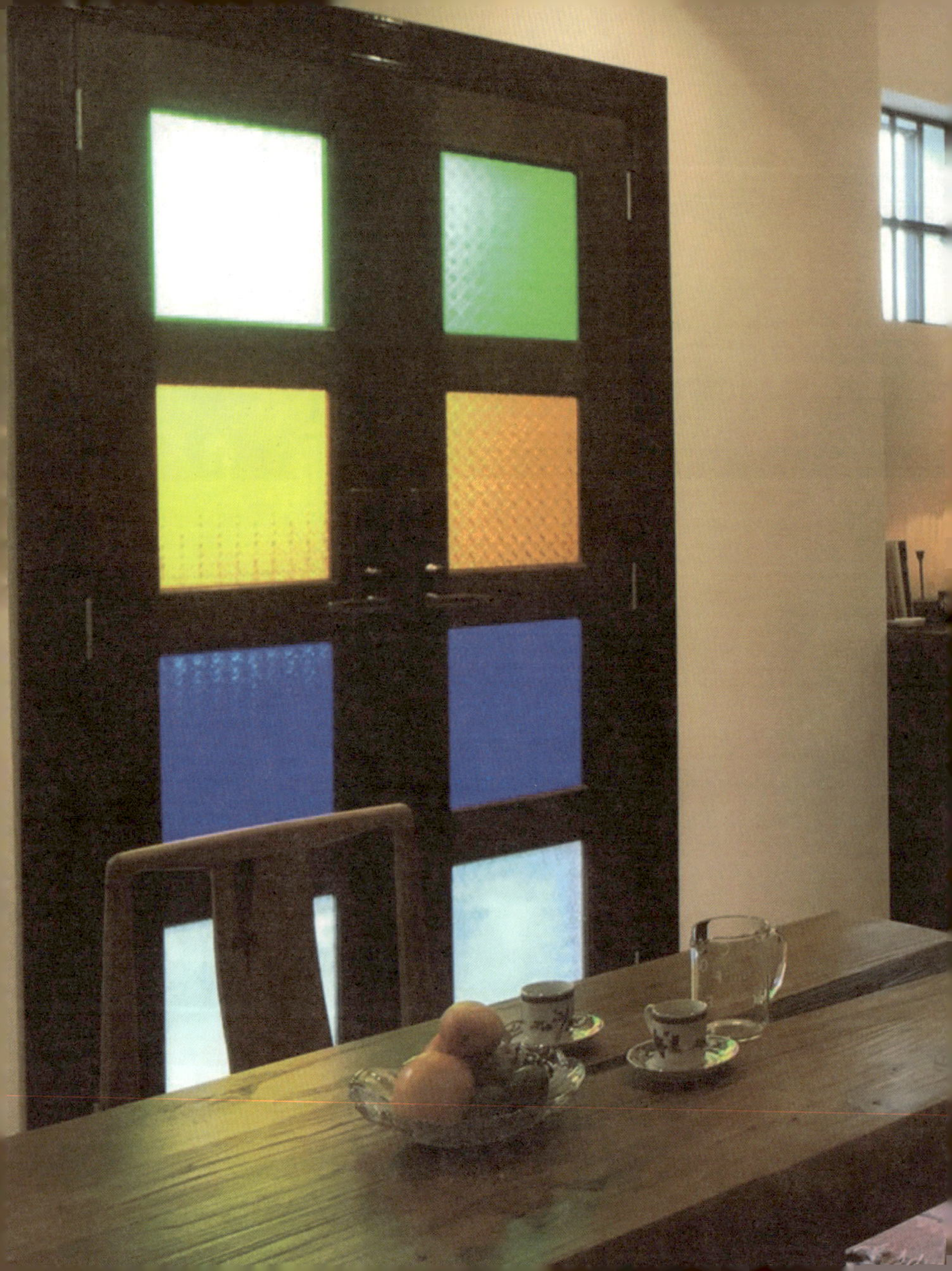

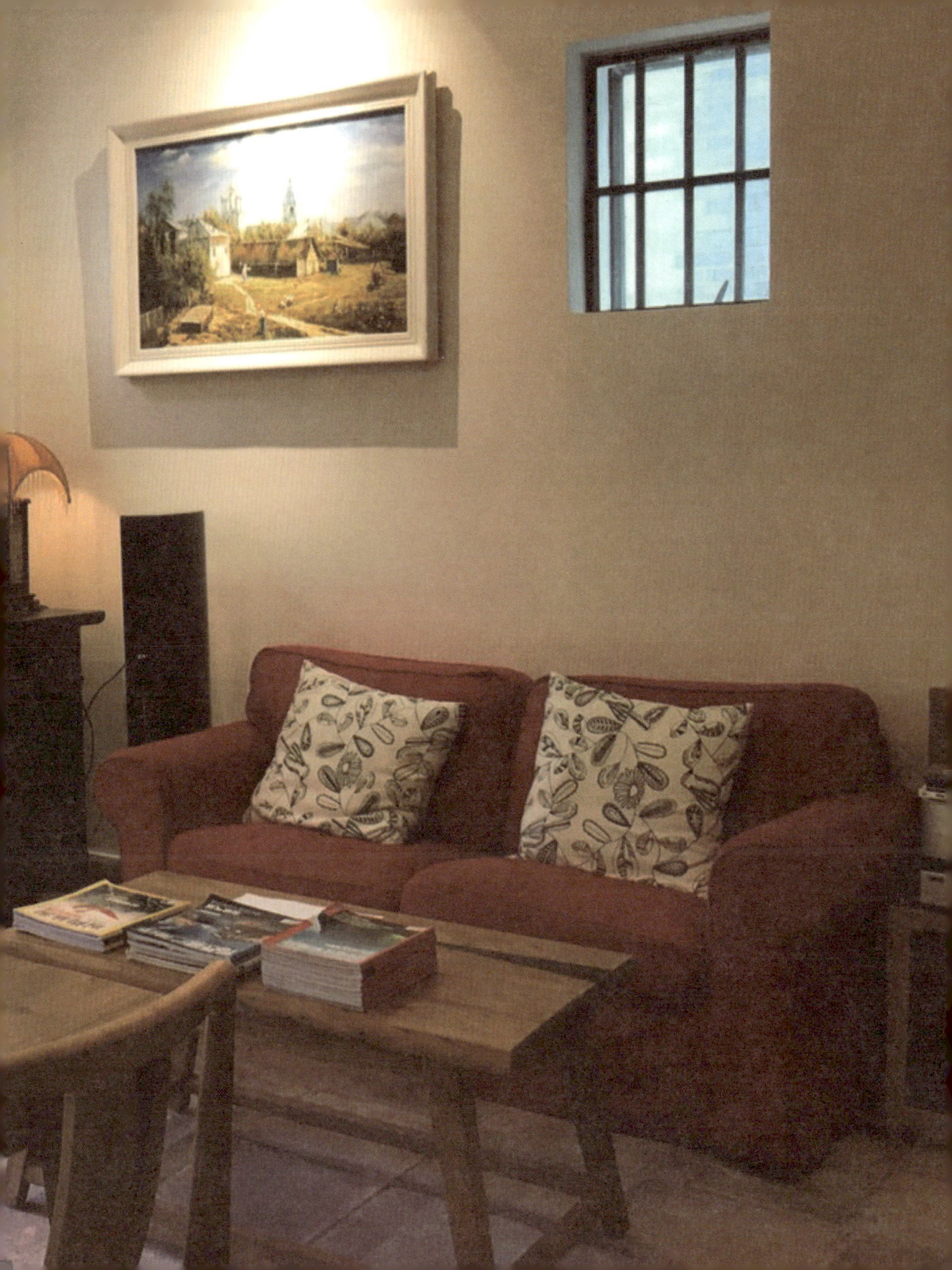

是在望岗村度过的。

除提供住宿服务外，民宿还依托优美的自然风光和宁静的内部环境，经常举办一些活动，例如怀旧音乐分享、摄影作品交流、古陶瓷分享与交流、宋式分餐、米其林美食分享、诗会分享等，内容从本土到国际，从人文到历史，吸引了许多爱好者前来参加。

"经营民宿必须有主人和管家文化在其中，它就是主人生活的一部分。我喜欢美的东西，也喜欢与来到这里的宿客分享我的生活。我很喜欢一句话：'随缘遇见皆欢喜。'时间允许的话我会亲自带他们去一些平时我喜欢的地方，没有任何经济利益的推荐是最真实的和真诚的，我喜欢这种感觉。"湘湘说。她希望每一位到来的旅客，能够和她一样，喜欢这里的一切。希望他们能够走出去感受田园风光，不浪费大自然馈赠的好景；能够坐下来，在日影下轻轻翻阅，放松心情。

"每次看到书架有被翻动的痕迹,我心里都觉得高兴。"湘湘说。

如今,湘湘有了更大胆的想法,她希望能以望岗碉楼民宿为中心点,托管周边闲置的房子,帮助喜欢这里的人打造另一个家。"我希望把志同道合的人聚集在一起,把这里打造成大家的诗与远方。"湘湘说。

陈方欢

望岗碉楼民宿

营业执照名称	台山市四九镇望岗碉楼民宿
地址	台山市四九镇上南村望岗村174、175号
预订电话	18948955949
房间数	6
床位数	8
民宿登记证号	JMTS001

微信扫一扫
获取望岗碉楼民宿最新资讯

玄潭原舍民宿

随心放松的心灵栖息地

● ● ● ● ●

过着忙碌的都市生活,顶着喘不过气的压力,你是否想找一处栖息地释放心灵,好好度过休息日?

如今,为你寻得一方庭院深幽处,让疲惫的自己回归生活,体验"远离烦嚣隐归舍,偷得浮生乐清闲"的闲情雅致。

跟随我们的步伐,一起到江门市台山市四九镇的玄潭原舍民宿看看吧!这里仿如粤港澳大湾区里的一处"世外桃源",被游客称为"随心放松的心灵栖息地"。

玄潭原舍

远离倾贸隐归舍
偷得浮生乐清闲

玄潭學校

玄潭原舍民宿由百年侨校改造而成，环境清幽、空气清新；庭院周围绿树成荫，四季如春，鸟语花香；楼房旁有百年老榕树守护庇荫，"树胡子"在空中飘动着捕捉风的影子……

　　在这里，半卷闲书一壶茶，所目之处皆美景。诗与远方并不遥远，远离喧嚣、随心放松！

淳朴、恬适、放松｜民宿里有向往的生活

　　"前方还有一公里到达目的地。"随着导航的提示，怀揣着满满

的期待，我们的车辆驾驶进通往玄潭原舍民宿的最后一公里。

我们来到了台山市四九镇的玄潭村，一路的田野风光，瞬间让心间荡漾起愉快的旋律。这是美丽养眼的一公里，公路两边种满金黄色的稻穗，不远处可以看到白白净净的两座侨房，房子不高，大概三层，其中一座刻画着玄潭小学的字样，另外一座则写着大大的"玄潭"，这便是玄潭原舍民宿的外观。

玄潭原舍民宿的名字来自地名玄潭村。这座美丽的民宿大楼，前身是一座民国时期建成的学校，原名玄潭学校，建成至今已有近百年历史。

"一见钟情，为之倾心。"台山市作为侨乡，拥有许多老侨校，中西合璧的魅力无穷无尽，民宿主理人告诉我们，为了更好地保护和活化古旧华侨建筑，玄潭原舍民宿的主人于2016年将这座古建筑全面改造活化为玄潭原舍民宿。

民宿主人在玄潭村"播种"希望，玄潭原舍民宿便是在如此有侨乡风情的建筑体中诞生的。民宿墙身由钢筋混凝土建造，楼体有罗马柱、青砖雕花等饰物，精美别致。我们入住这里，仿佛栖身于集中西方建筑文化于一体的环境下，感受百年沉淀的美好时光。

不得不说，民宿虽然是由百年侨乡学校改造而成，但民宿的环境、设施，甚至是花园里的一花一草，都让人十分愉悦。

"在这里，温暖和煦的阳光，清澈涓涓细流的溪水，淳朴恬适自由的生活，应该是人世间最美丽的东西……""这里的民宿，有都市

玄潭小學新樓

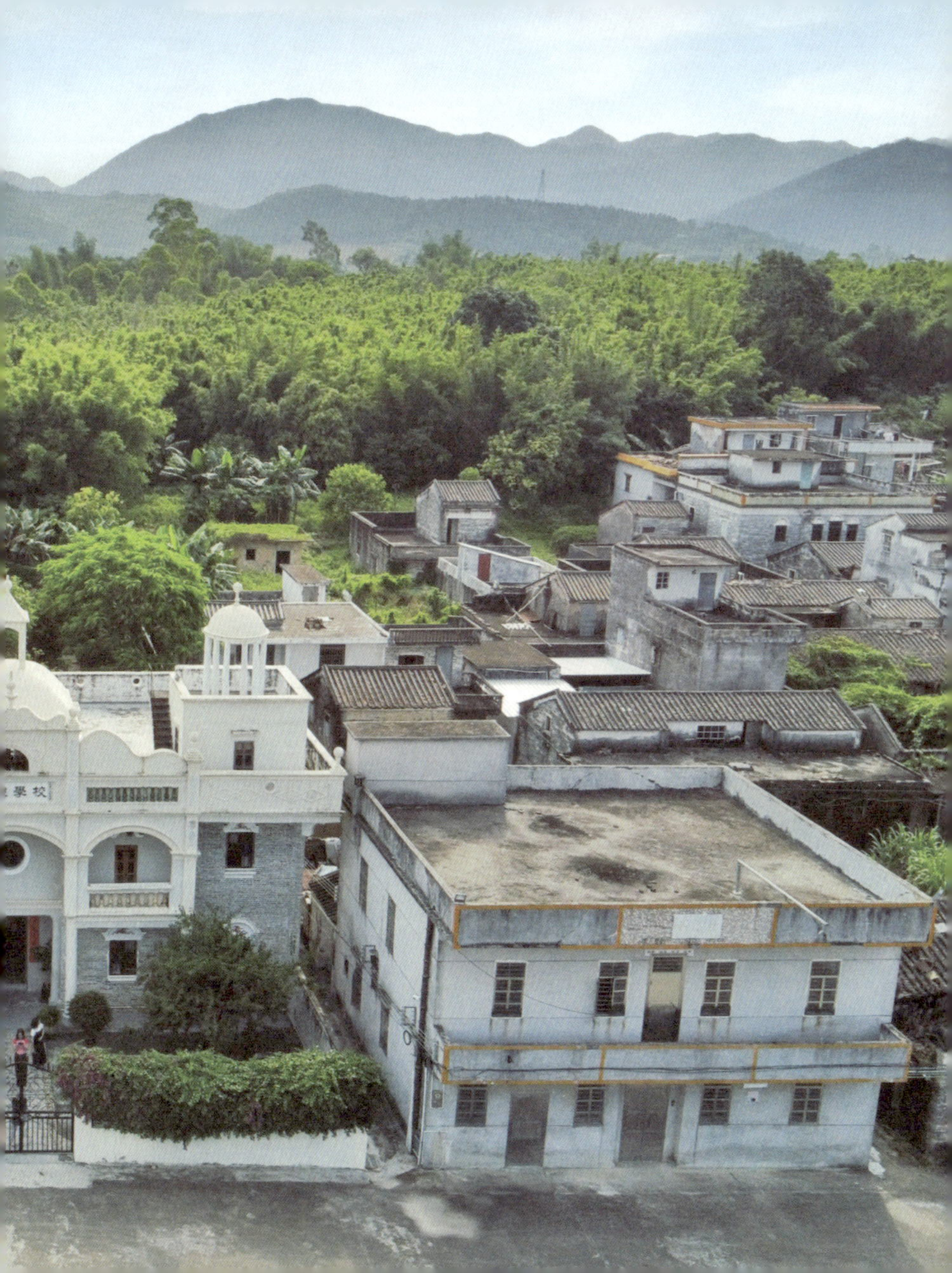
校學

人向往的生活"。那些反复前来的游客,纷纷在朋友圈抒发了最大的感受,淳朴、恬适、放松的生活让他们流连忘返。

　　游客因向往而来,更因舒适而留下。他们感受到的不只是玄潭原舍民宿的侨房魅力,还有在乡野中也能享受的完善的住宿、餐饮、休

闲等配套设施。

经过数年的提升与发展，玄潭原舍民宿的住房设施也逐渐完善，目前打造了客房9间、餐厅3间，房间分别以"采菊东篱下""山气日夕佳"等诗词命名，风格涵盖中式、新中式等，十分简洁，整个环境

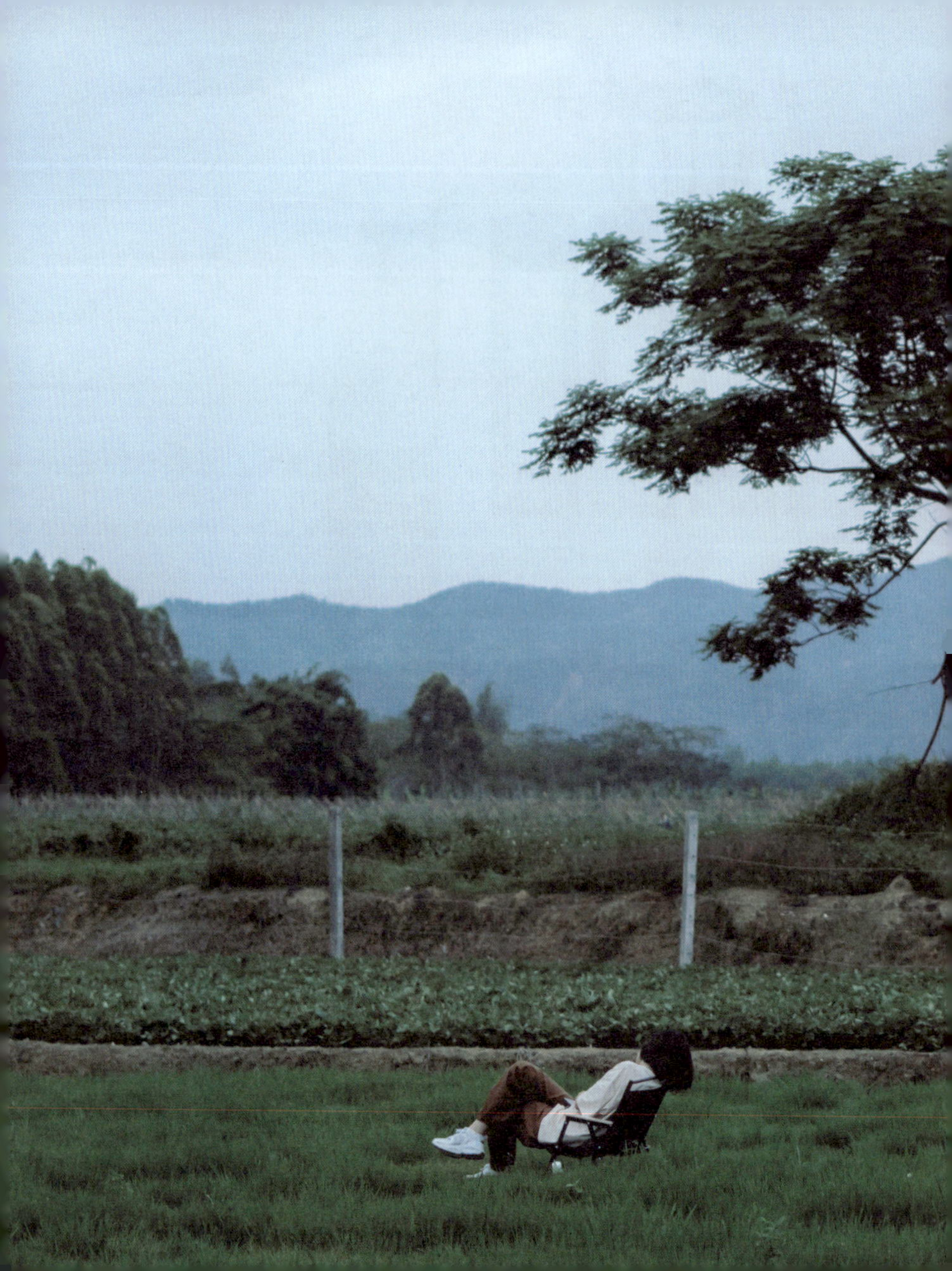

打卡

关键字：**广东省乡村民宿示范点、
乡村生活、闲情雅致、小资情调**

别出心裁地摆放着木马、手工收藏盒、金山箱等有故事且好玩的小饰物。

为了丰富客人的体验价值,近年来,民宿完善并配备了户外羽毛球场(气排球场)、私家花园、野趣锦鲤池、生态鱼塘、户外茶座、会议室、茶艺室、休闲书吧、棋牌室、农场、专业露营地等设施,可为客人提供休闲住宿、餐饮、聚会庆典、小型会议培训、交流等服务。民宿还配有管家和家厨,入住这里可以让客人感受到家的温度,充分放松身心。

因情怀成为民宿创业者 | 希望温暖客人，滋养自己

"一开始我发现玄潭学校的时候，就爱上这里了。玄潭村在四九镇，是台山城区的后花园，空气好，环境美，当初想着改造老破校做私人休闲、放松的地方，顺水推舟做成了民宿，变成了创业者。"提起创业的初衷，民宿主理人方秀娜笑着介绍。因她也是热爱旅行、热爱生活的人，希望能经营一间民宿，为更多的人带来舒适的旅游体验、生活体验。

依靠优质的口碑传播，玄潭原舍民宿有络绎不绝的新客人来"尝新"，也有不少"老客户"带着回家的心情来此找回自己的精神支柱。

"营业4年，民宿发生过很多暖心又感人的瞬间，例如有一对深圳的夫妻，他们从结婚到女儿出生的庆祝，每个阶段都会来我这里住上一段时间，这是他们家庆祝的仪式感。看着小朋友从在客人的肚子里，到呱呱坠地的婴儿，再到会爬会走的小女孩，我内心满是感动。小朋友跟民宿一起成长，我也跟客人成为好朋友。"方秀娜为我们分享了一个小故事。

经营民宿是一件幸福的事情，方秀娜感叹，因为经营与客人结下深深的情谊！聆听客人的心思与故事，分享各自的人生经历，而客人来到民宿就像回家一样，放松自如。"我以前去过很多地方旅行，也住过很多民宿，我觉得民宿需要做到的就是温暖、自在的氛围，有一处安放自己情怀的地方，这也是自我滋养的一种方式。"她说。

玄潭原舍民宿每年都会有点小变化，这是民宿主理人对自己的要

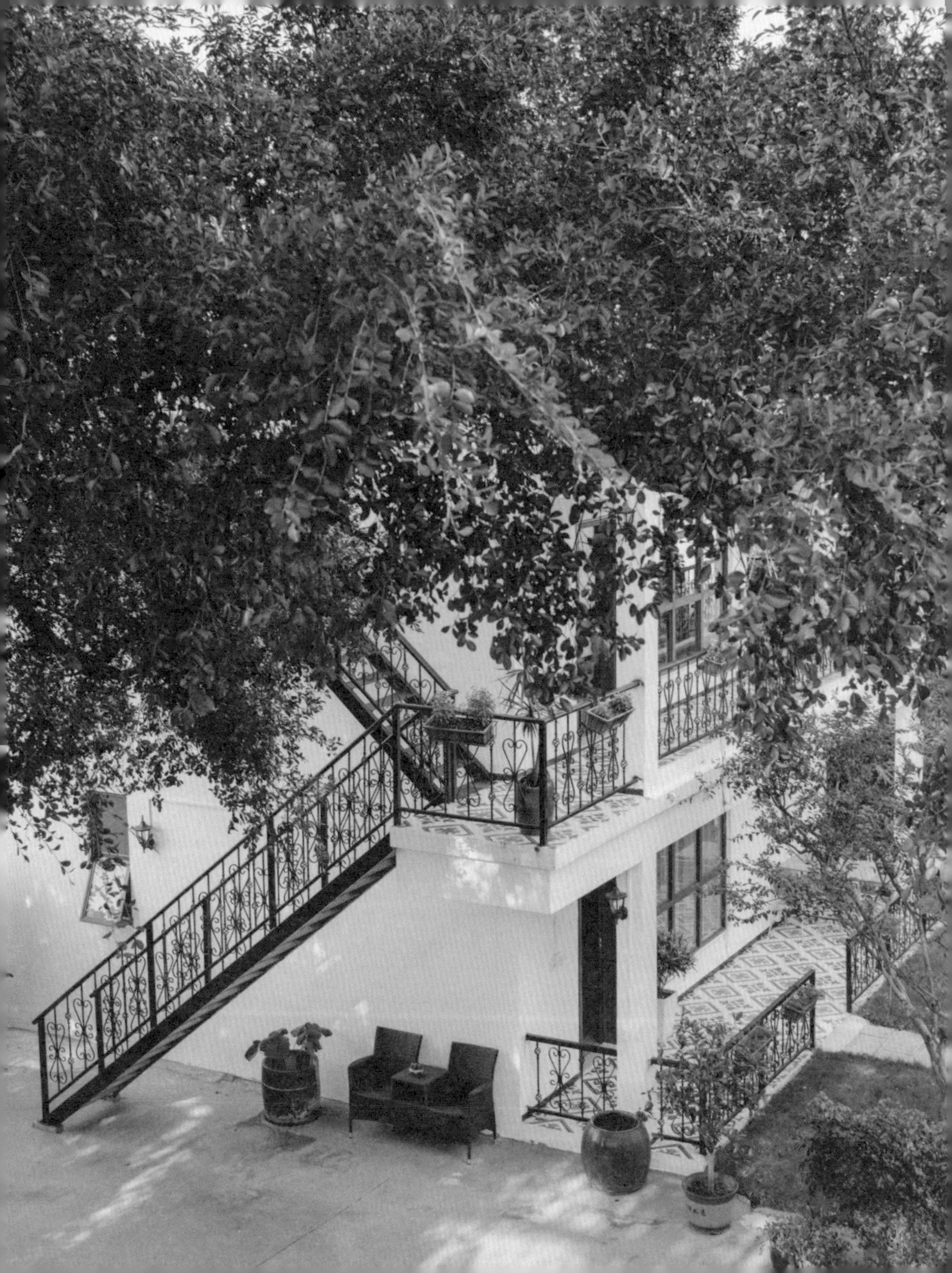

求，以达到不断调整民宿的合理性与舒适性。而作为一间位于侨乡的民宿，玄潭原舍民宿在不断完善整体设施和服务的同时，将台山华侨文化和历史融入主题当中；在丰富文化内涵的同时，向客人宣传推广台山的华侨文化精神。"来这里玩的游客，我们都会推荐他们先去参观台山市华侨博物馆。到博物馆看看，了解台山市的背景，好好感受侨乡文化。"方秀娜说道。

李嘉敏

玄潭原舍民宿

营业执照名称	台山市四九镇原舍民宿
地址	台山市四九镇玄潭旧学校
预订电话	13802611794
房间数	9
床位数	14
民宿登记证号	JMTS003

微信扫一扫
获取玄潭原舍民宿最新资讯

四九书院民宿

"长"在山水间的绝美田园民宿

● ● ● ● ●

伴着星光入睡，闻着花香醒来，迎着暖光嬉戏……原来，那些陶渊明诗中描述的田园画面真的存在。一方院子，两只小猫，无数花草……是的，说的就是在台山市四九福临村中的那间民宿——四九书院。

人山人海是生存，虫鸣鸟叫才是生活。如果跌跌撞撞地跑着步，不如信步闲庭地过一日。在当下忙碌的拼搏间隙中，喘着气的都市人总是在寻寻觅觅，追逐快乐，感受幸福。在四九书院中，时钟的发条仿佛慢了下来。围炉、品茶、写生、做饭、嬉闹……每一秒都是平平

四九书院

人山人海是生存
虫鸣鸟叫才是生活

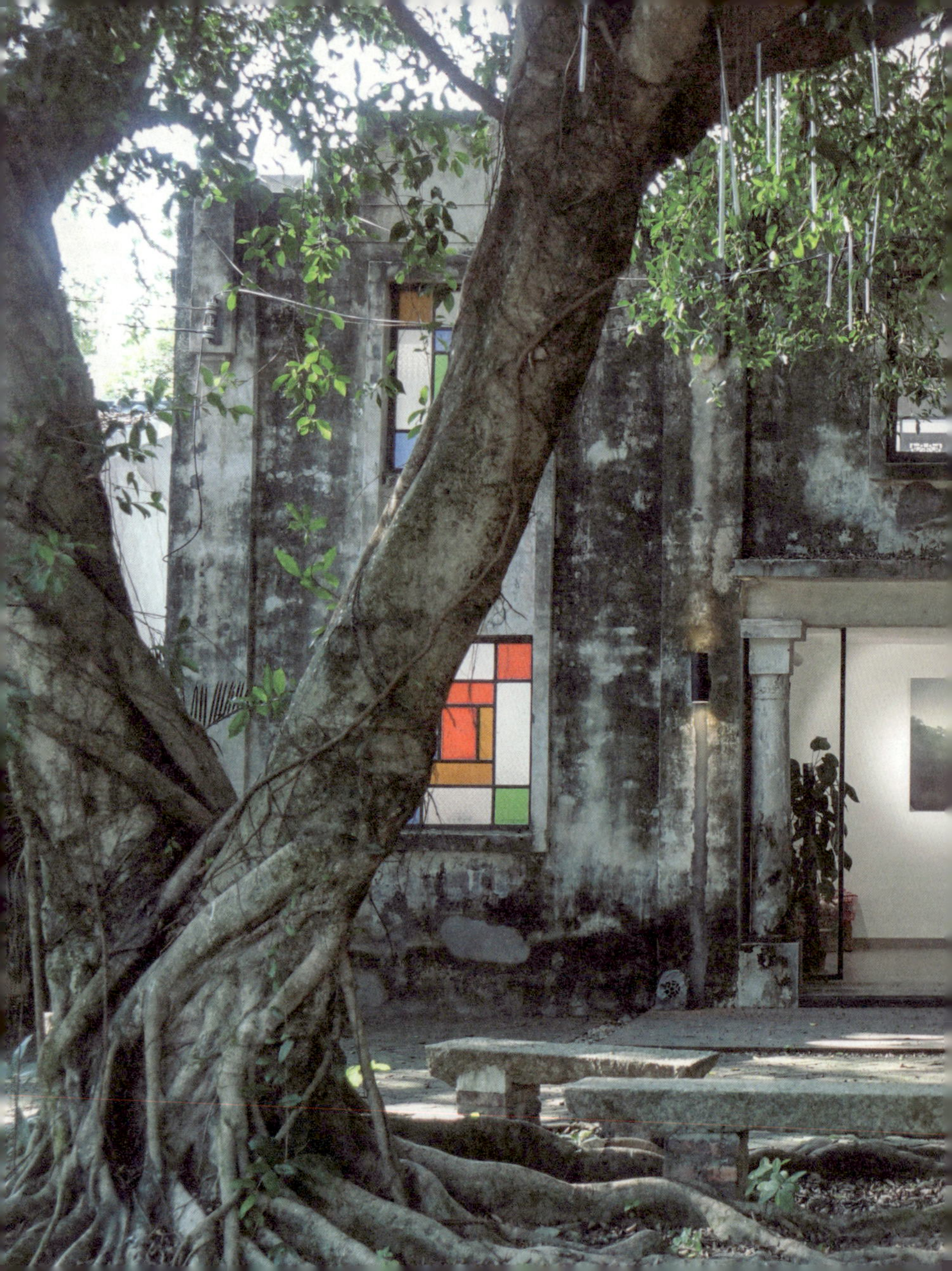

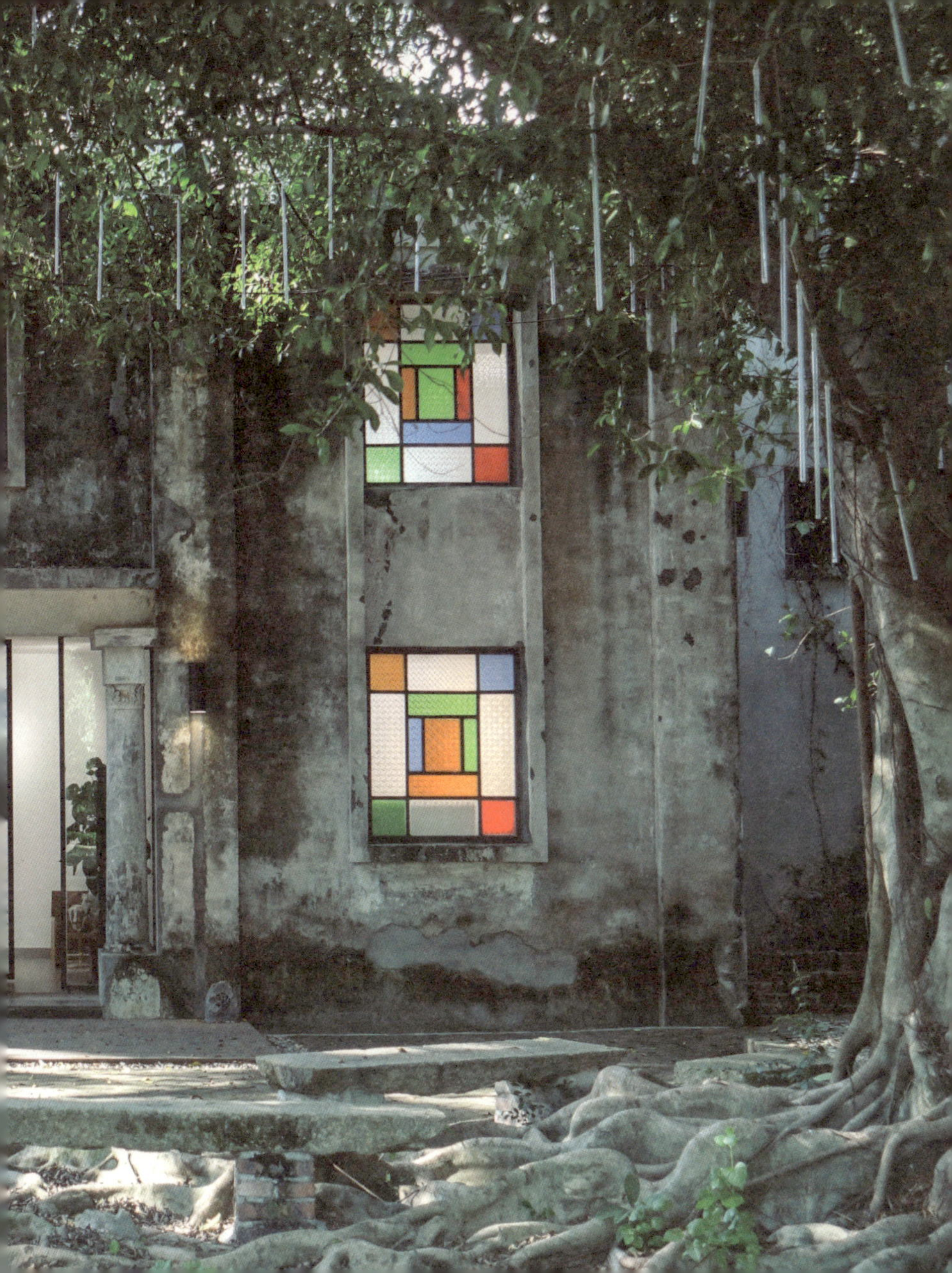

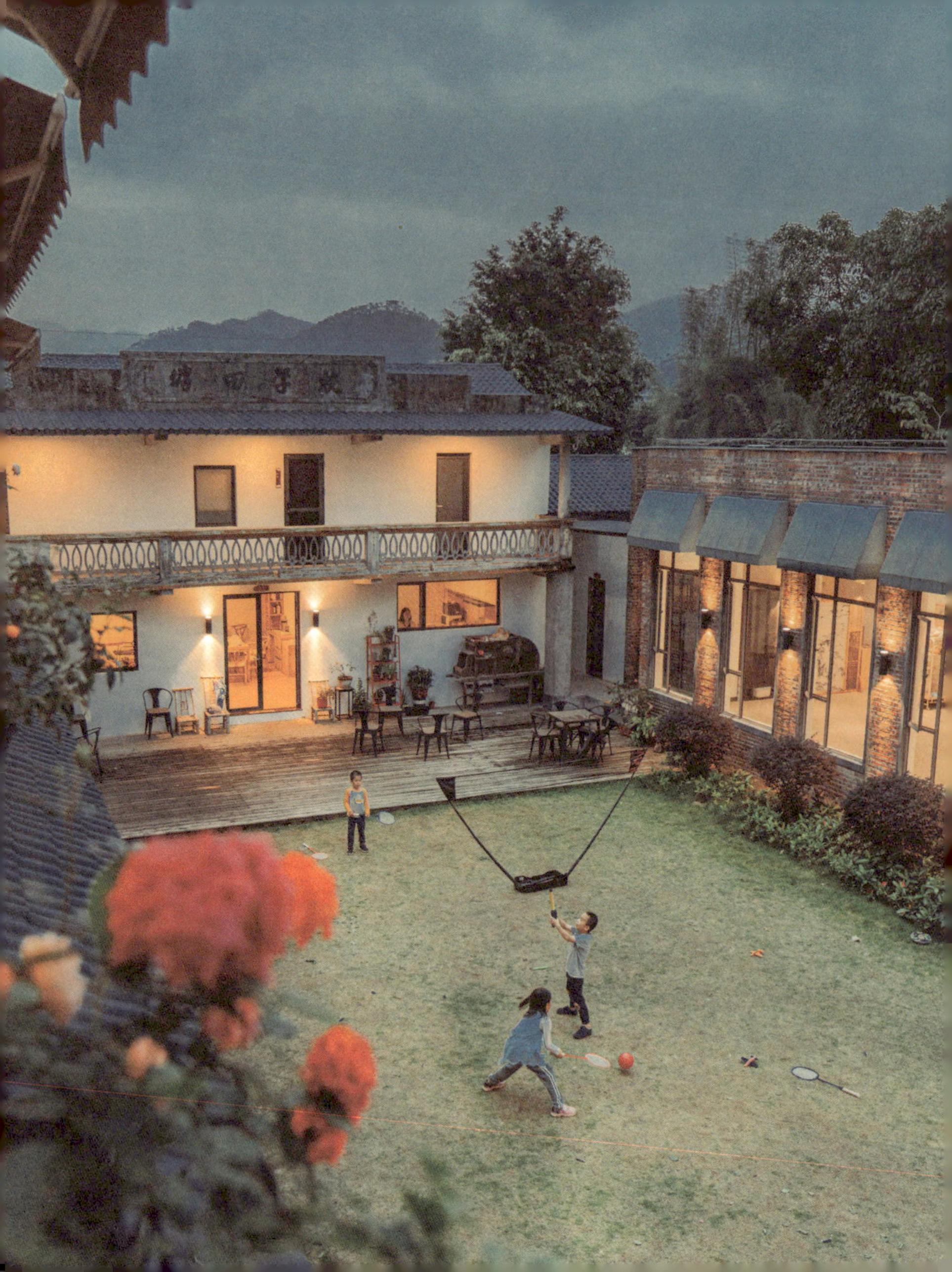

淡淡的烟火人间。

远离俗气的六便士，敞开心扉迎接月光的照拂。在四九书院的慢日子里，这可能是你人生中最不可辜负的浪漫。

沉睡校舍又活过来了

四九，一个只需10分钟便能逃离城区喧嚣的田园小镇。这里有山有水——层林叠翠的北峰山，温婉如玉的塘田水库。

很多年前，创始人费向克、郭建琳夫妇第一次来到四九，便深深地爱上这个纯净无瑕的小镇。看过侨圩、走遍山野，他们便决心扎根此处。

那一年，费向克、郭建琳夫妇选定了福临村边的这所废弃的塘田小学。这个毗邻五邑第一高碉楼福临碉楼的农村学校，早已完成了历史任务。学生不在，书声离去，留下的仅有摇摇欲坠的书舍。

所有的起步，从当下开始。开工到建成，历时8个月，其间修改图纸8次，返工调整无数次，经历高温酷暑，以及14级台风。

2019年的那个冬天，四九书院终于掀开了神秘的面纱。森系民宿，就像在田园里自然生长出来的房子，质朴又清新。似乎还是那个旧模样，却是全新的容颜。

推开书院的栏杆大门，依旧是那三棵苍老的百年榕树。细心的郭建琳特意保留了具有浓郁侨味建筑的校舍墙壁：罗马的柱式、彩色玻璃的花窗、外墙立面的灰塑。时间，还为这面墙增添了青苔，抹上了

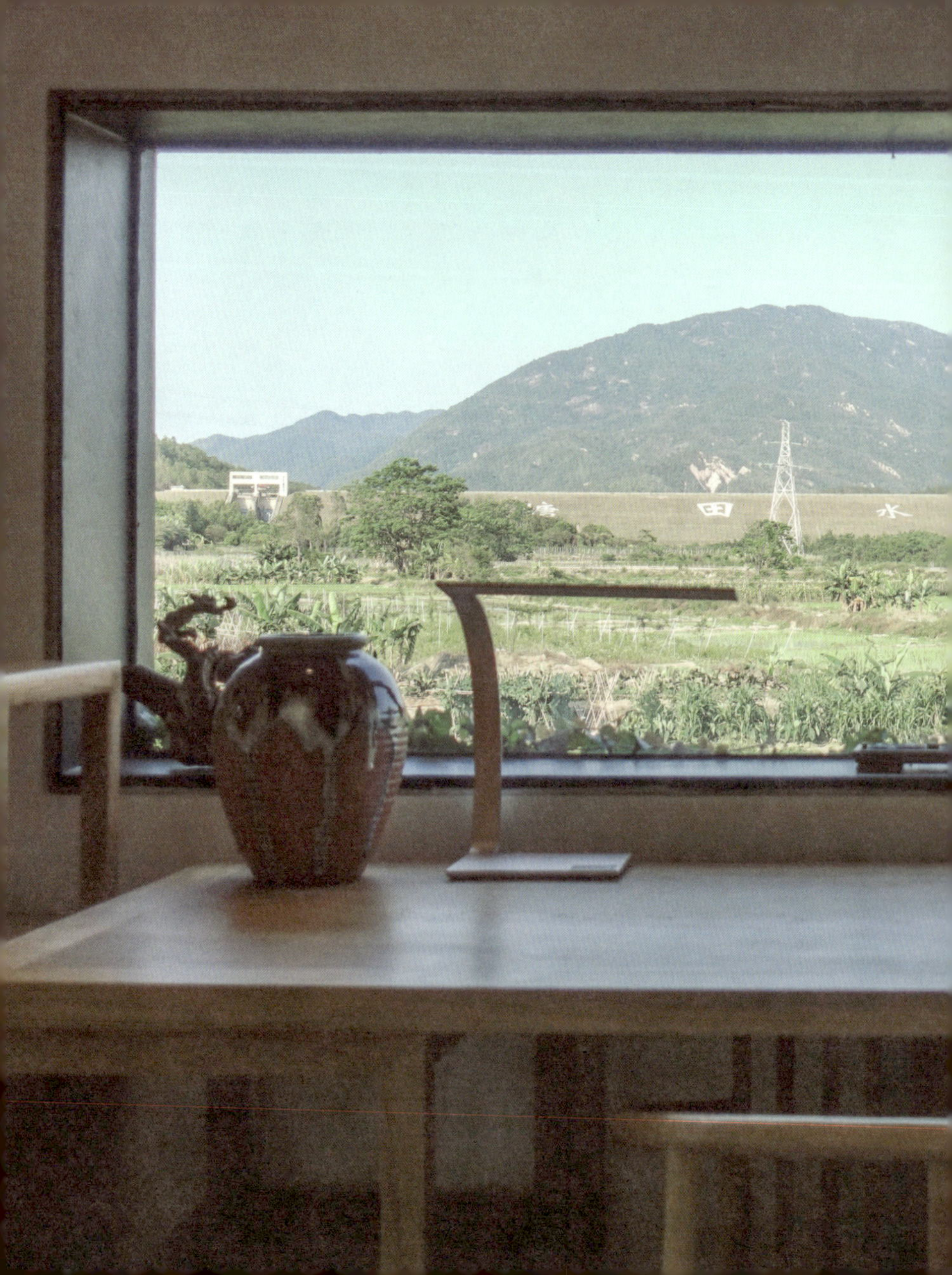

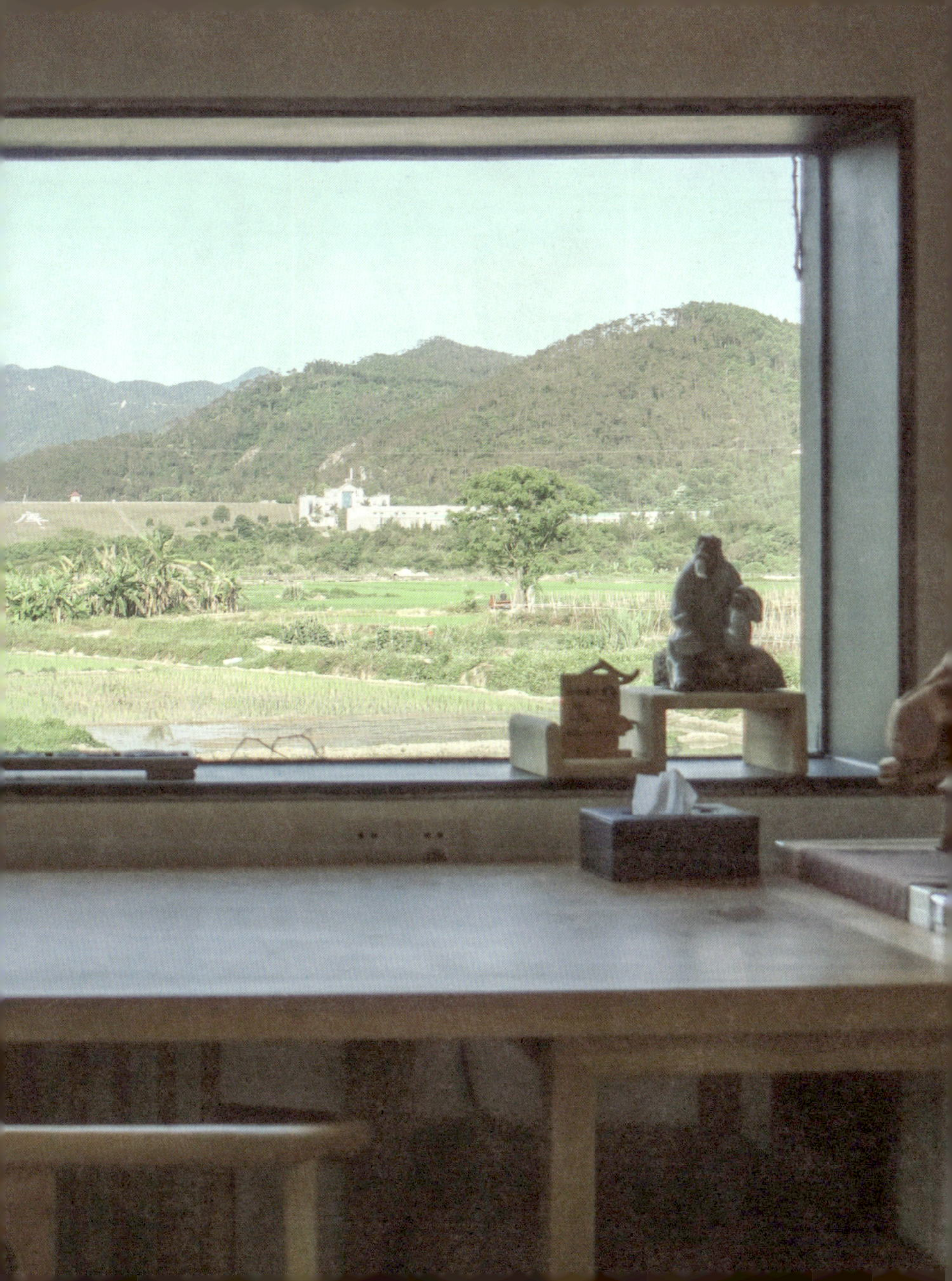

沧桑。这就是台山华侨建筑的独有气息。

　　三树一墙所搭建的三棵榕树小广场，早已是四九书院的"招牌门面"。这里举行过一场场温馨难忘的婚礼、生日会，记录了无数泪水和感动，成为很多人脑海中美丽回忆中的独特背景。

　　小广场旁，便是改造为白墙黛瓦的民宿。四方院落，那是保留了学校当年的设计规划。客房是由原来的教室所改造的。窗户比原来大了，阳光也能更好地洒入房内。正是透过这个偌大的窗户，看到那大片连绵起伏的群山和波光粼粼的水库。这里的一桌一椅一屏一画都融合了艺术与自然的风格。自然元素成为每一间客房独一无二的装饰。

　　书院的三楼有一个颜值超高的山景大平台。坐在这里看云卷云舒、日月星辰，一壶热茶配点心，美得无法言喻。正是这份耐得住深

处的寂寞，才能独享这一整片不被打扰的治愈仙境。

邂逅一段悠闲时光

丹丹是一名年轻的"90后"。常住在书院的她，负责管理大大小小的一切事务，以热情的笑容接待每一位入住的客人。她说，这里是民宿，也像是一个家，更像是一个艺术空间。

四九书院，总建筑面积约2000平方米，却只有13间客房。书院其他的空间，都被打造为画廊、厨房、餐厅、图书室、茶室、大讲堂、大厅等可公共活动的区域。

民宿亲近大自然，静谧舒适，因而得到不少亲子游客的青睐。在这里，孩子可以畅快地追逐，成人可以尽情地放松。一家人还可以在

厨房一展身手，共享一日三餐。这是田园生活中的温馨。

因为民宿公共空间大而开阔，这些年来，书院以文化活动为主导，举办了多场夏令营、品茶会、文化沙龙等活动。来自全国各地志同道合的朋友，在这里得到知识与历史的沐浴。这是田园生活中的传承。

如果，你曾在这里有过片刻停留，又怎么会舍得放下？在蓝天白云的老建筑和随处可见的农田繁花之间，邂逅的是一段悠闲的时光。

丹丹说，民宿是需要用心地经营和维护的。每一位客人在院子里坐下来的时候，他们总会递上热茶；每一位客人咨询周边的吃喝玩乐的时候，他们总会分享自己所制作的"小攻略"。四九书院是一个民宿，也不只是一个民宿。丹丹表示，服务团队可以为客人提供团建和亲子体验等各类活动，如摘菜、挖藕、收割水稻、写生、国学课堂等。

如此用心，便是最好的服务，也是最佳的宣传。这些年四九书院虽然远在山中，但知名度的打开，靠的就是客人的口口相传。

有来自珠海的朋友，因为对四九书院的喜爱，影响了孩子同学的家庭。10多个家庭，包下了整个书院，在这里度过快乐时光。有来自深圳的朋友，因为对四九书院的喜爱，影响了家族的亲戚。一大家子，四代同堂，选择了在书院过年，家人共享团圆饭，共享天伦之乐……

在这里，蓝天和星辰不需要门票，诗和远方的路途离你也不远。温柔的风，吹动着飘浮的云。绝美的田园画面便在伸手之间。当你的心还在追逐这自然的光，那这自然之光便在等着你，为你而来。

陈素敏

微信扫一扫
获取四九书院民宿最新资讯

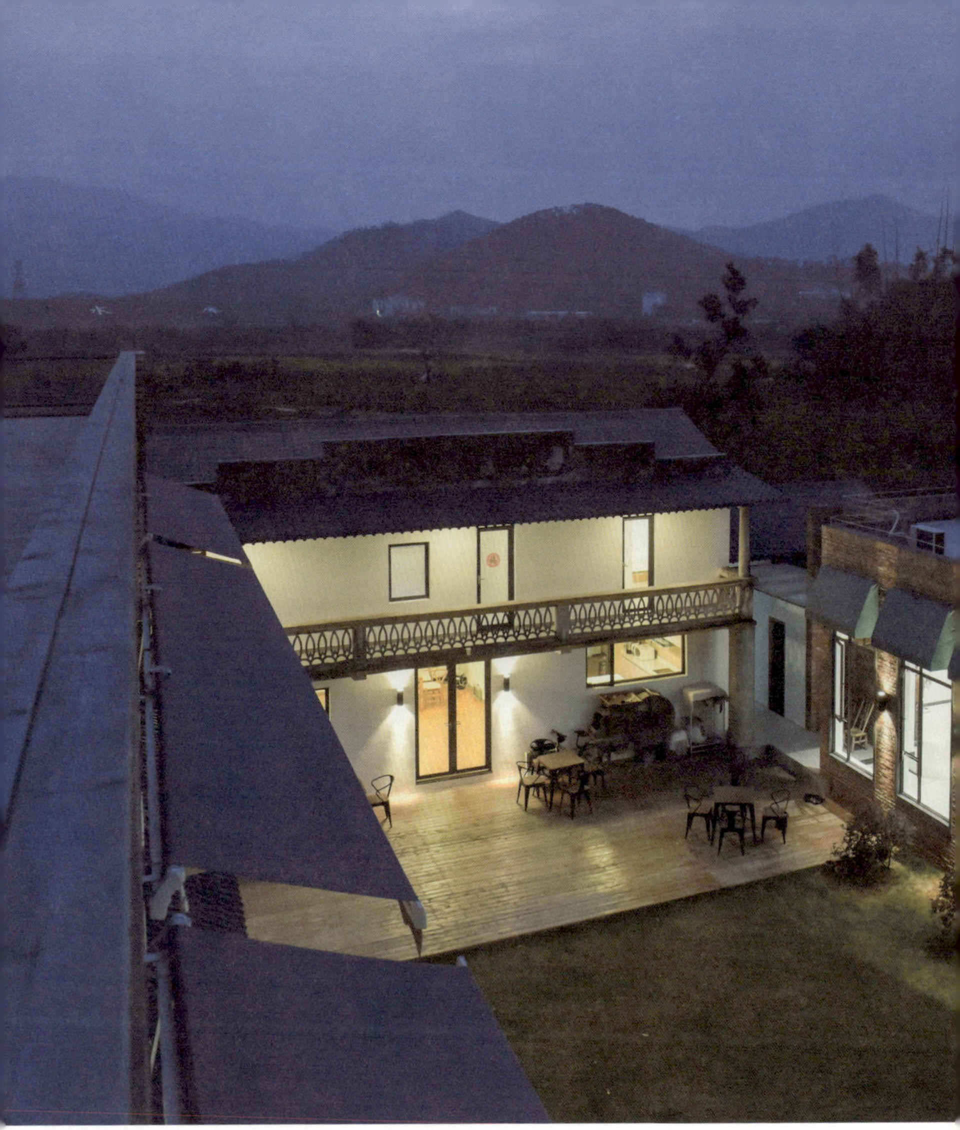

四九书院民宿

营业执照名称	台山市熙域文化发展有限公司
地址	台山市四九镇原塘田旧小学（四九书院）
预订电话	13318667346
房间数	13
床位数	35
民宿登记证号	JMTS008

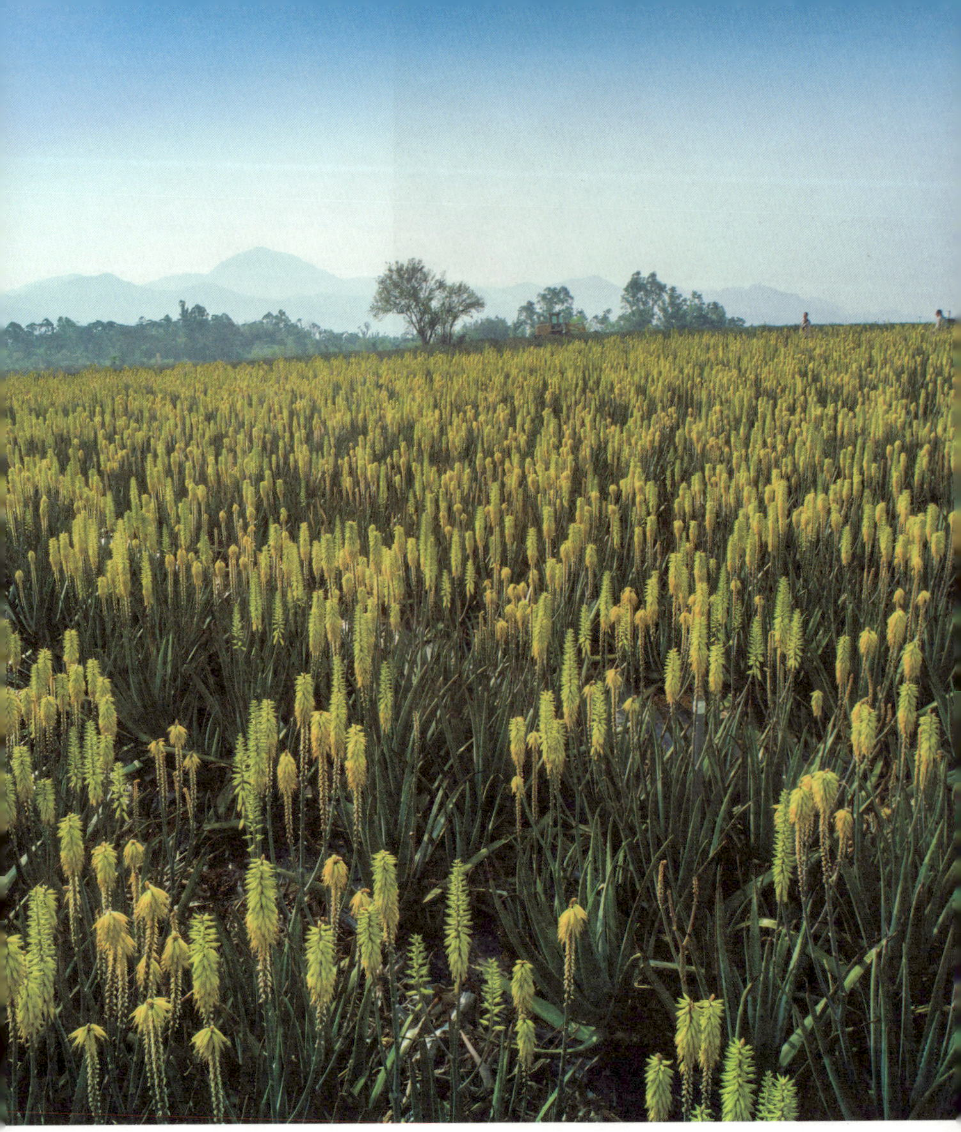

关键字: **一本好书**
悠然自得
西式婚礼

周边景点推荐: **瑷露德玛芦荟庄园**
（距离约5公里）

瑷露德玛芦荟庄园

　　主要种植从美国得州引进的库拉索芦荟，是目前国内唯一如此大规模的芦荟主题A级景区，集有机芦荟种植、生态景观观赏、休闲度假、科普教育等功能于一体。在每年腊月至次年4月，芦荟开花时，游人可以欣赏到金黄的芦荟花海，给影视拍摄、美术、摄影等艺术创作提供了绝佳的取景。庄园配套有覆盖全年龄段的娱乐设施，拥有小瑷广场、果园游乐场、烧烤部落、童玩天地、原野茶坊、花房等活动场所，开辟"芦荟种植体验园"。还有特色别墅民宿和经典美式群岛·咖啡馆，园区内还因地制宜推出了富有特色的芦荟美食，包含芦荟糖水、芦荟沙拉、芦荟雪糕和多种芦荟菜品等。

/119/

侨居文宿

展示乡村振兴魅力
暖心乡村田园生活

侨居文宿

一个暖心的乡村田园生活"社区",全面展示乡村振兴魅力

●●●●●

倘若旅途中,能遇见热情的民宿创业者、让人感动的美景,平静的心也会变得激昂高涨起来,我们愿意称之为"旅行的意义"。很幸运,我们遇到过一趟美好的旅程,且听我们徐徐诉说。

在江门市台山市水步镇下洞村委会双龙村,美丽的田野中有一片整齐的乡村小屋,土灰色的楼房中有两座分别名为"耀卢""壁卢"的兄弟洋楼,十分显眼。从航拍的角度望下去,雄伟大气的古建筑、五彩缤纷的花间小道、整齐划一的水稻农田……这条人文底蕴深厚的

打卡

关键字：**广东省乡村民宿示范点、研学实践、户外宴会、农耕体验**

周边推荐景点：**草坪里**（距离4公里）、**赤坎华侨古镇**（距离27公里）

位于台山市水步镇。草坪里始建于明洪武年间，因村场原是一块草坪而称之为草坪，村随地名而取名草坪里。草坪里现存古建筑大部分为晚清民国时期所建，保存有云谷林公祠和与齐林公祠两祠堂，以及草坪小学校。草坪里近年经过改造后，已成为台山的一条网红古村。以国际视野，营造岭南特色乡土人文情怀，依托中国华侨文化为背景、结合传统岭南农耕文化，打造适合新生代华侨回国创业和港澳台以至海内外青少年侨乡体验基地平台。

草坪里

村子，散发出古朴秀雅的气息。

　　走进美如画卷的村子，里面最引人注意的，便是一家由"新村民"打造的民宿——台山市侨居文宿，主理人深挖乡村文化潜力，将该村原下洞小学的破旧校舍升级改造成一个带有1800平方米草坪花园的民宿，校舍经过修葺成为绿野中的白色平房，四周种满了鲜花，整体环境十分舒适恬静。

　　"这不仅仅是一间民宿，我们要打造的是综合型的乡村田园生活社区，以丰富业态的'侨汇里'文旅项目，展现新时代宜居宜业宜游新农村的魅力，为乡村振兴提供展示的平台。"主理人为我们描述了他们的美好蓝图。

乡村田园生活"社区" ｜ 展示乡村振兴魅力

侨居文宿附近有多个高速路口，交通十分便利。沿着导航的指示，我们驾车来到水步镇下洞村，跟随路边的指示牌，我们进入了一条两边都是山田一色的小路，小路上有满满当当的小花，小花在风的影响下摇晃着，仿佛在为游客指路。

经过路边小花的"指引"，很快我们就见到村里的"耀卢""壁卢"兄弟洋楼，旁边便是侨居文宿。民宿的整体形态是一座四合院般的建筑群，庭院内打造了1800平方米的草坪，站在草坪上可见到"耀卢""壁卢"兄弟洋楼，映入眼帘的是蓝天、草坪、旧洋楼组成的美景，确实别有一番风味。

这间民宿的经营项目可丰富了，包括民宿服务、餐饮服务、智慧体验等，不仅可以住宿、餐饮、举行会议等，还可以享受田园、书吧、游泳池、运动场、自助烧烤场等多功能的配置场地所带来的乐趣。

举办新年音乐会、侨乡巧厨娘比赛、传统节日庆祝活动、农耕军事生活体验夏令营等市级大型活动……主理人告诉我们，他们的民宿可不只住宿这么简单，侨居文宿可满足各类型的活动需求。

据了解，自开业以来，侨居文宿已成功举办超百场大小型活动，"可以举办艺术文化、天文观察、音乐、科普研学、巧厨娘特色糕点

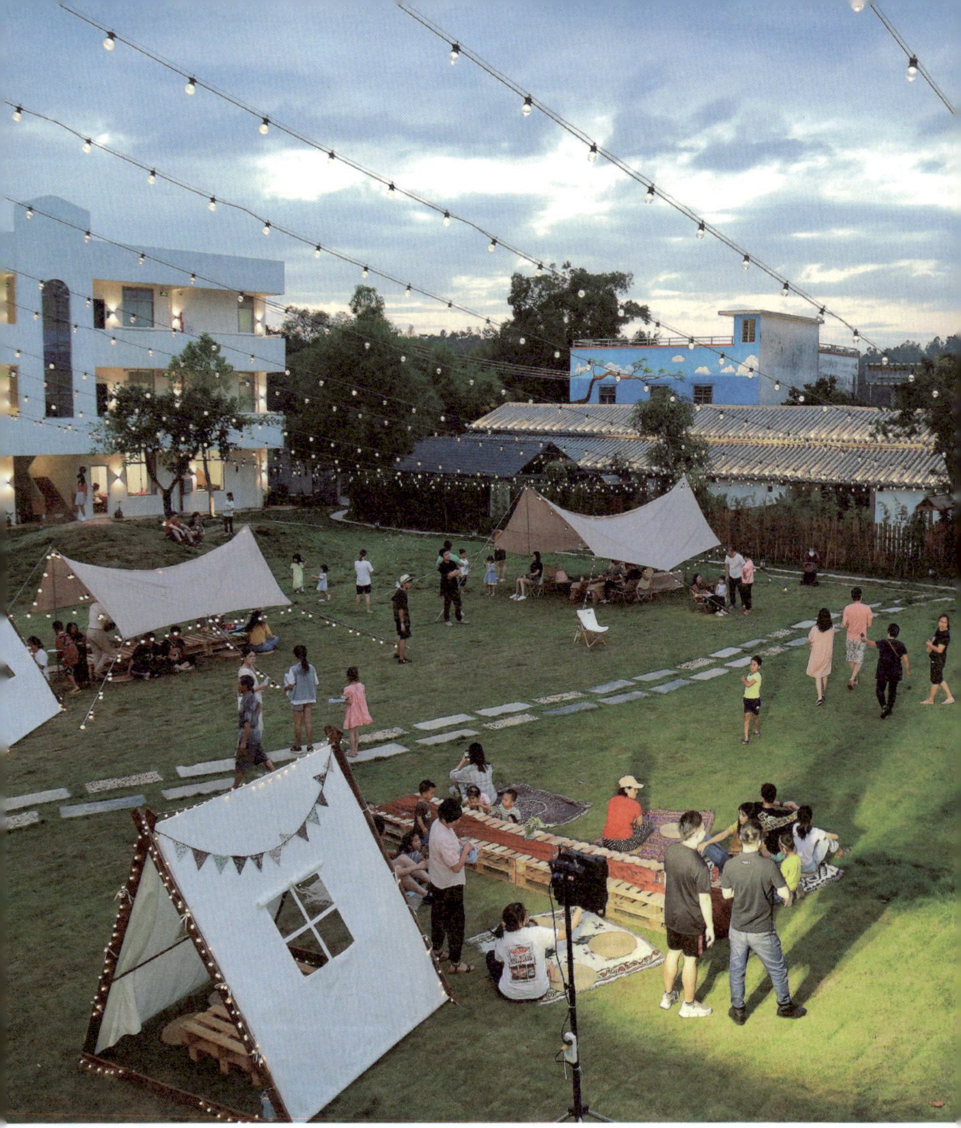

课程、妇女儿童活动等多种活动，以及各类大小规模的草坪婚礼、单位团建活动、幼儿园毕业典礼、新能源汽车环保行、私人定制派对等"。主理人表示，希望能提升文旅+农旅+商旅的高度融合发展，全力打造室外原生态、室内智能化高端体验的标准，成为乡村家庭生活的首选，让游客在旅游中享受文化的盛宴。

我们在民宿看到，这里不像是酒店，更像是一个"社区"，因民宿为乡村带来巨大的环境提升，村民的生活变得越来越好了，游客旅游也更像回家了。在休闲的时候，村民会来这里喝咖啡、聊天、看电视；游客来到这里，会到田里体验劳作；甚至，游客还会到阅览室教导孩子做作业，和睦的乡村生活景象每日在这里上演。村民生活环境好了，民宿也更加接地气，

当地村民融入了民宿环境的美好生活，为乡村文旅项目展开了共赢的局面。

"这边的一群山，你看看像不像一条龙卧在稻穗之上？"主理人带着我们在村里走走，鱼塘、稻香、群山、老洋房，一切都太美好了。绿树成荫，微风徐来，叶子在璀璨的光耀下，把自己的模样印在了雪白色的外墙上，本来平平无奇的白色外墙勾勒出美好的图样。民宿到处都有充满感动的小细节。突然觉悟自己也有发现美的眼睛，这不就是旅行中的小感动吗？

"我们不是台山人，几年前，因朋友带我们来双龙村游玩，在看到这里的风景，吃过这里的农产品后，我们便深深爱上了双龙村。依靠我们做建筑工程及文旅项目建设的丰富经验，2019年，我们启动了双龙村的民宿计划，希望能为展示乡村振兴成果提供一个平台。"高兆灯、阮丽娟是侨居文宿的主理人，他们笑称，因喜爱，所以与双龙村结缘，从此成为"新村民"，希望这个项目能让更多人感受到乡村振兴所带来的新农村面貌，体验新农村的美好生活。

聘请专业的厨师｜为客人烹饪台山特色菜肴

美食能慰藉人的心灵。作为旅行中的"重头戏"之一，来到台山怎么可以不品尝台山本地美食？台山黄鳝饭、汶村五味鹅、番薯芋头煲芥菜、海味煲仔饭……不用远走，不用寻找，在民宿里就有，随心即可享用。

为增加文旅项目的吸引力，侨居文宿大力发展餐饮服务，聘请专业的本地厨师为客人烹饪台山特色菜肴。在本地专业厨师的精心烹饪下，一道道本地特色美食被写进菜谱。

"我们的经营范围包括民宿服务、餐饮服务、智慧体验等。在美食上，我们花了很多功夫，我们很爱台山的美食，特别是本地的大米跟蔬菜，富硒资源种植出来的农产品特别有味道，这是游客品尝的乡村味

道,也是台山味道。"主理人介绍,民宿的食材,基本是从附近的农田新鲜采摘的,客人能品尝到最新鲜的瓜果、大米。

为打造一个完美的乡村田园生活"社区",主理人同步在下洞村打造侨汇里项目,涵盖文旅、农旅、商旅等业态,以各个项目带动乡村旅游的发展。"侨居文宿是我们侨汇里项目的中心点,可以说是整体项目的'大本营',希望未来能以点带面,让整个下洞村侨汇里项目发展起来。"主理人说。

"我们的本业是建筑工程,本来就有建设民宿的经验,过去是为别人建设民宿,现在是将愿望照进现实,为自己的理想建设民宿。"

主理人期盼，未来能引进更多资源到台山项目，让体验当地自然环境、文化氛围和生活方式的旅游民宿行业蓬勃发展，让民宿系统更加规范。

李嘉敏

侨居文宿

营业执照名称	台山市侨居酒店管理有限公司
地址	台山市水步镇下洞村委会宝兴圩 188 号之二（侨院民宿）
预订电话	13318669092
房间数	5
床位数	6
民宿登记证号	JMTS011

微信扫一扫
获取侨居文宿最新资讯

光大雅舍

穿越时光
邂逅民国风韵

光大雅舍民宿

穿越时光 邂逅民国风韵

● ● ● ● ●

炽热的阳光，照亮了树荫一片绿。在台山市台城筋坑村光大学校，安静的午后让人无比慵懒。偶尔，树上传来阵阵的鸟鸣声，把时光拉得悠长。

光大学校是一所中西合璧的洋楼建筑式学校，是台山市为数不多的洋楼式建筑学校之一，目前已停办20多年。光大学校周围簇拥着南安村、详安村、眠岗村三条自然村，校舍周围苍松滴翠，前面池塘清澈如镜。

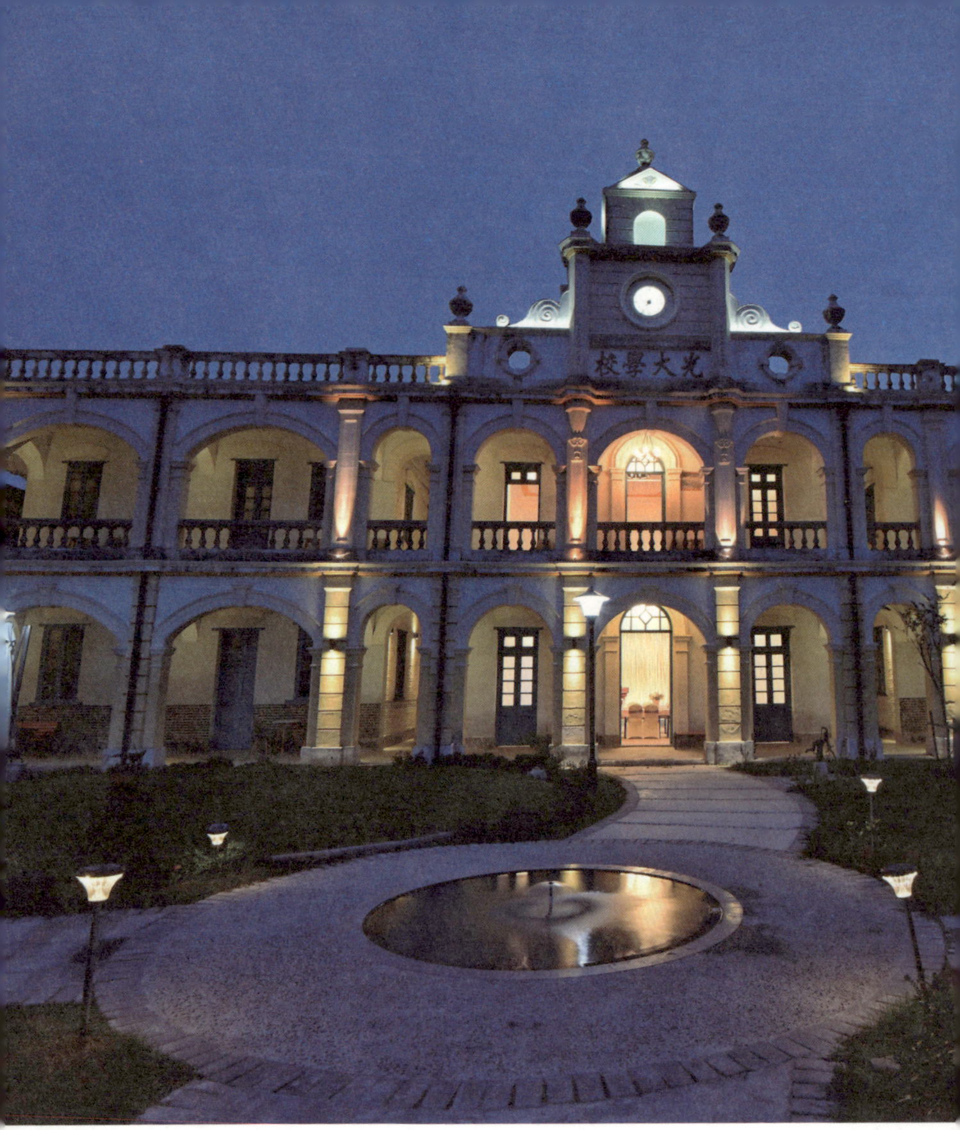
光大學校

如今的光大学校，显然经过了修缮，黄白色调保持旧时模样，在阳光下显得肃穆。推开大门，浓浓的复古气息扑面而来。既可以在长廊里聆听百年老校的历史故事，感受浓厚的民国风情；也可以坐在咖啡室内，在阳光的沐浴下，细细品味浓郁醇香的手冲咖啡。

这里还保留着以前作为学堂的小教室，怀念旧时光的游客，可以在这里做一回孩童，重回童年的美好时光。还有一些颇具年代感的物品，比如孙中山先生的亲笔墨宝，微微泛黄的老旧电风扇等，在静静地向游客诉说这里曾发生过的故事。

历史：孙中山亲笔题写"光大"二字

光大学校继承中国传统轴对称的建筑布局，礼堂居中，教室分列礼堂两侧，教室每层4间，共两层，楼体黄白色调相间，超凡脱俗，落落大方。楼的正面，11个拱门呈轴对称排列，拱门大小错落有致，组成回廊，气度不凡；护栏美观大方，西式方形廊柱凝重肃穆；楼的顶层正面是一座西式钟楼，原来里面挂有一口大钟，据说钟声在2公里外都可以听见。

居中的礼堂，其设计气宇轩昂，天花板直通顶层，礼堂正面是一神台，正面墙壁上刻着最初筹资捐建光大学校的人名，两侧墙壁上刻着两次修缮时捐资的人名，其中一侧还贴有照片，但大多已残缺不全。

走上二楼，在走廊的窗口眺望远方，满眼都是绿色，村场内半月形的池塘与村子后一座座青山相得益彰，充满古朴的乡村风情。圆弧形的拱门、雕花的栏杆、充满巴洛克风情的柱子，以及教室走廊上的每一处，都体现当初建造者的用心。而地中海蓝的门窗嵌在泥黄色的墙面上，像是那湛蓝的天空与朴实的黄土，自然又生动。

登上天台，一座美丽的钟楼出现在眼前。与原本严肃的巴洛克风格不同，楼顶是圆拱形的，钟楼采用大量圆弧形、花瓣形的装饰，恍若一位窈窕少女盈盈走来，灵动俏皮。

根据记载，光大学校于1913年开始兴建，1917年12月5日举行落成典礼。当时，新宁铁路公司总经理陈宜禧等社会名流均出席参加，并邀请台中（今台山一中）和邻近30里的小学师生代表前来观礼，场面颇为壮观。

1923年，光大学校的两位青年教师辗转联系到旅美华侨兴中会成

员叶崇濂。叶崇濂是广州金融界知名实业家,曾支持孙中山领导的革命。叶崇濂请孙中山亲笔题写"光大"二字,此后,光大学校因孙中山的题字,声名更盛。

成立之初,光大学校倡议女子教育,甚至大胆试行男女同校,几经挫折后,最终在1932年的大势推动下实现男女同校。

光大学校开办新式教育之先河,带动台山各乡华侨捐资办侨校的风气,台山侨校的规模和数量当时在全国皆独领风骚。在鼎盛时期,光大学校开办了7所分校。

当初的光大学校校舍是木砖结构,校舍经过几十年变迁,已经摇摇欲坠,危不堪用。1981年,旅美加港澳乡亲捐资修建,校舍全部换成钢筋水泥;1983年,学校又重新修缮礼堂和教员宿舍、厨房。由于设备好,办学经费充足,邻近的村委会、远的乡镇的学子都前来就读。但到了1996年,旅港澳及进台城的人口增多,光大学校生源锐减,学生人数不足100人,最后不得不停办。

现状:在活化中更新　在使用中保护

"活化"旧学校几乎是每一个地方都要面对的命题。而筋坑村委会也一直在思考,光大学校如何既可以保留学校原貌,又可以合理地进行商业开发。

近年来,光大学校也走向了自己的"重生"之路。

2017年,在台山办厂的陈德庆,偶然间来到筋坑村游玩。在镜头中,他发现了这所被废弃的旧学校。当时学校早已荒废多年,学校内的荒草已有人的膝盖高。他觉得,这所学校应该有一个更好的未来。

抱着试一下的态度,陈德庆联系到筋坑村委会,表达了自己想开发利用光大学校的想法。在他提出想把学校恢复原貌,开发一个集餐饮、特色活动、民宿于一体的休闲娱乐中心后,村委会立即决定把学校租给他。

租下洋楼做生意的人,有很多并不是纯粹为了商业利益,而是对洋楼有一种情怀寄托和文化认同。而抱着情怀租下学校的陈德庆,在正式签下合约后,就迅速搜集学校的资料,为改造奠定基础,并举办了光大学校百年校史展览，向外界展示光大学校的历史文化魅力。

"我们前期花了很长的一段时间去研究、试验，看用哪种方法能更好地保护学校。"陈德庆说，由于学校荒废已久，他不得不花费大量的时间来思考如何修复。"前面的两年时间里，我们做了很多不太让人看得到的工作。像加固房子、修复破损的地方、增加排水系统等，我们做了很长的时间。"陈德庆介绍，如今大家关注的建筑外立面、花园等地方，仅用了两个多月时间，就做出来了。

陈德庆说的两个多月其实只是施工时间，他并没有提到每个细节在设计环节所需要花费的时间。像学校的建筑外立面，可以明显看到，从上至下，颜色逐渐变深。而这为的是将学校的年代感保留下来。

"因为光照和湿度，建筑物外

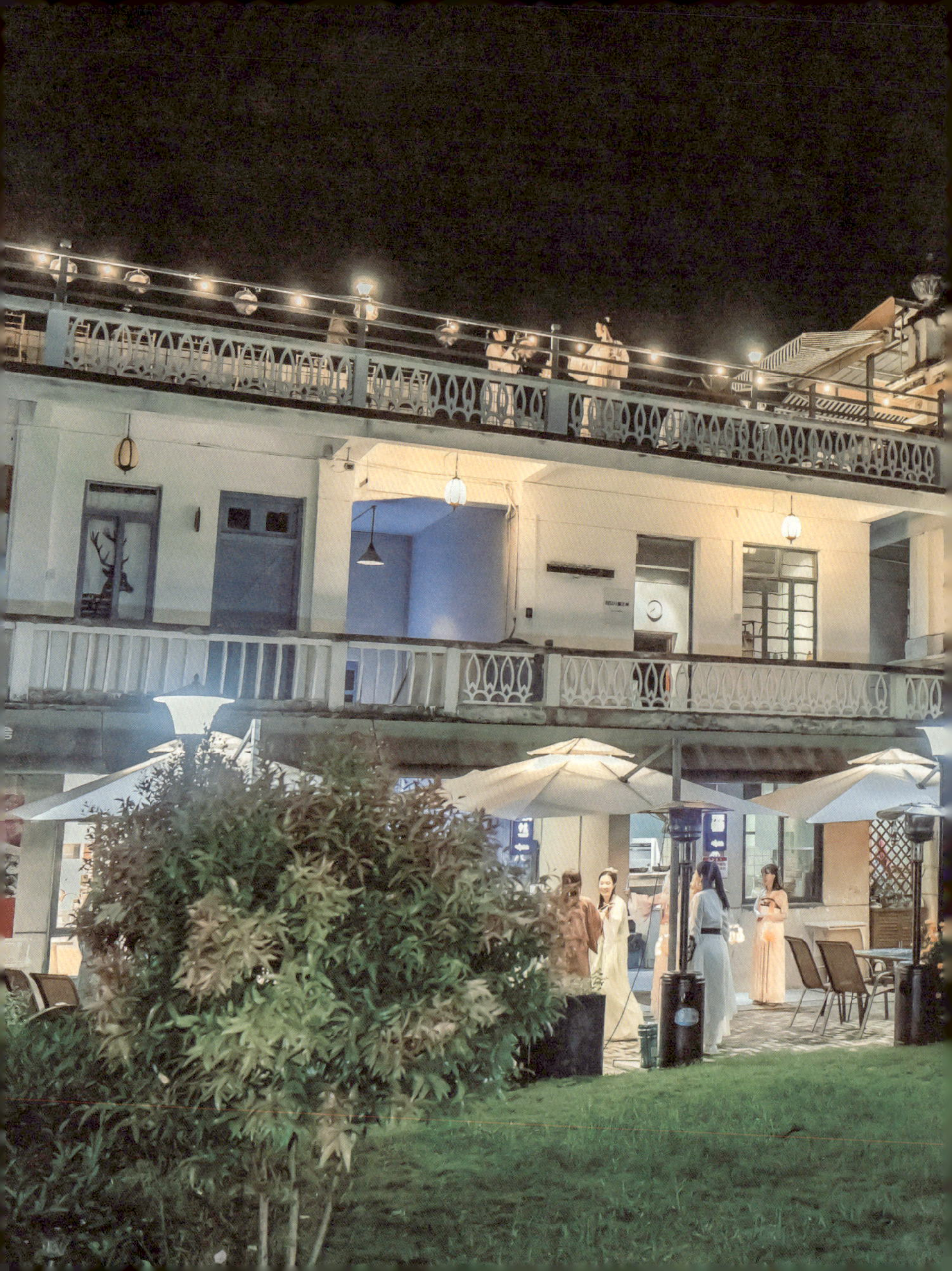

茶清语
芳华

立面的颜色即使建成时是完全一致的，但慢慢地就会出现上浅下深的情况。"陈德庆说，为了让学校更具历史感，他在修复学校的时候，故意保留了部分青苔，任由它们自然生长。

"为了达到修旧如旧的效果，那几根生铁铸造的排水管我们就找了很久。"光大雅舍的老板娘戴凤鹃从改造伊始就参与进来，面对丈夫的"吹毛求疵"，她只能默默地在后面为他助力。

"相比修复工作，资料的收集才是我们最难的一件事。"光大学校虽然风光一时，却没有整套的资料保存下来。为此，戴凤鹃只能到处寻访资料，重新还原学校的历史。

在他们的努力下，自光大雅舍开办伊始，他们就围绕光大学校的历史，举办了"百年侨校家国情"展览。展览共分四个展厅、四条展廊，分别为"校史家国情""民国教室""筋坑历史名人""革命光辉岁月""女子教育""侨校修复""光大分校图鉴"等主题内容。

此外，为了做好光大雅舍的运营，戴凤鹃舍弃了事业女性的光环，学会了蛋糕的制作、咖啡的冲煮，掌握了许多台山美食的制作技艺。

目前，光大雅舍利用20世纪90年代建成的副楼做各种功能配套使用，建有咖啡馆、茶室、厨房、办公室等。而具有历史价值的主楼，则建成展览厅、会议厅、宴会厅和民宿等。

与其复古建筑不同的是，这里的房间以现代简约设计为主，有复式LOFT公寓，也有简单舒服的大床房，每一个房间的布置细致而又温馨。从简洁明亮的房间里往外望去，可以看到美丽的乡间景色，微风轻轻拂过，大树发出沙沙沙的声音，让游客的心渐渐地平静下来，感受自然美景与古村落的静谧之美。

尽管打造光大雅舍花费了大量的金钱与心血，但自开业以来，光大雅舍一直免费对外开放，平日日均有100多人到访，而到了周末和节假日，更是日均有300多人来到这里游玩。陈德庆表示，这个地方是属于大众的，所以它应该是对大众开放的。

陈方欢

光大雅舍民宿

营业执照名称	台山市悦行创意文化策划有限公司
地址	台山市街道办筋坑社区南安村原光明小学（光大雅舍）
预订电话	13822307070
房间数	2
床位数	3
民宿登记证号	JMTS010

微信扫一扫
获取光大雅舍民宿最新资讯

颐和温泉城

  国内首个以瑞士瓦尔斯建筑风格为主题的温泉景区，占地约3万平方米，以"温泉养生、休闲度假、颐养居住、侨乡文化"为主题。目前拥有300多间宽敞新颖的豪华客房，集温泉泡浴、养生保健、餐饮住宿、会议培训、商务洽谈、生态观光、旅游度假于一体，致力打造成为一个以养生温泉、休闲旅游、生态居住、休养度假为主题的国际一流温泉旅游度假区。

关键字：**小资情调、小型聚会**

周边景点推荐：**颐和温泉城**（距离46公里）
　　　　　　　喜运来温泉（距离46公里）

喜运来温泉

　　位于台山市三合镇温泉旅游区，占地面积约6万平方米，设有客房、餐饮、娱乐康体、会议、温泉五大板块。喜运来温泉是100%纯天然温泉水，水质晶莹剔透、无色无味，偏硅酸、锂、锶、氟、氡、氦、硫、硒等微量元素含量丰富，pH值较高，可以增强体质，调节情绪，调整亚健康状态，提高免疫力和抵抗力，促进人体功能恢复，更能延年益寿，美容美肤，降低心血管类疾病的发病率。这里空气清新，悠然自乐，是旅游度假、商务会议首选之地。

喜相汇民宿

不用出国,带你体验东南亚风情

● ● ● ● ●

　　随着一批批独具特色的民宿诞生,江门民宿这些年结结实实地"火"了起来。如果说以前大家提起民宿还只是找一间在乡下的客房住住,顺便品尝三两样当地美食,现在的民宿则在试图满足不同人群的个性化需求——亲子游玩、闺密出行、假期放空、重新找到与自然的链接……

　　在江门台山五丰村有一家网红民宿,它的负责人是个土生土长的"80后"、"侨二代",他凭借本土的优势,让自家的民宿充满吸引力。

喜相汇

置身色彩斑斓的童话世界
体验东南亚风情

就在身边的东南亚风情村庄

　　五丰村，初听闻时先入为主，以为又是各种人为景观堆砌出来的网红打卡点，但当深入了解后，才发现这是具有人文风情和历史底蕴的一条小村庄。在互联网上搜索后，发现五丰村是1963年初由国务院侨办委托广东省侨办创立，至今居住着印尼、越南、泰国、马来西亚、菲律宾、新加坡、缅甸等13个东南亚国家和地区的归侨及归侨后代，素有"小小联合国"之称。这13个国家和地区的归侨沿袭东南亚的多元文化和生活风俗，令这里成为别具风格的归侨村，充满着异国情调和东南亚风情。

走进五丰村,让人仿佛置身于一个色彩斑斓的童话世界,映入眼帘的是"东南亚风情村"地标性建筑,四周的浮雕刻着多个东南亚国家的文字。漫步在彩虹人行道,红白相间的民居错落有致,在水车荷塘边的不远处就是喜相汇民宿,它的外围用五颜六色的木制栅栏围起,几棵椰子树"探出身子",微风一吹,每一株的叶片都在迎风摆动着,发出沙沙沙的声响。走近一看,民宿的外墙绘制了多幅墙画,起舞的大象,还有穿着东南亚服饰的乐手、舞者,充满异域风情,门口还挂着一只金色的大象,仿佛在向来往的游客问好。民宿的整体设计沿袭东南亚现代风的民宿建筑风格,在保留大自然的清新气息的同时又环绕着五丰村特有的民俗风情,不用出国,就体验了东南亚风情。

民宿的负责人陈先生是从小在五丰村长大的,也是"侨二代",对家乡有着浓烈的感情。至于为什么会选择开一家民宿,陈先生表示在开民宿之前,他一直从事着旅游相关的工作,近年来,五丰村活用乡村振

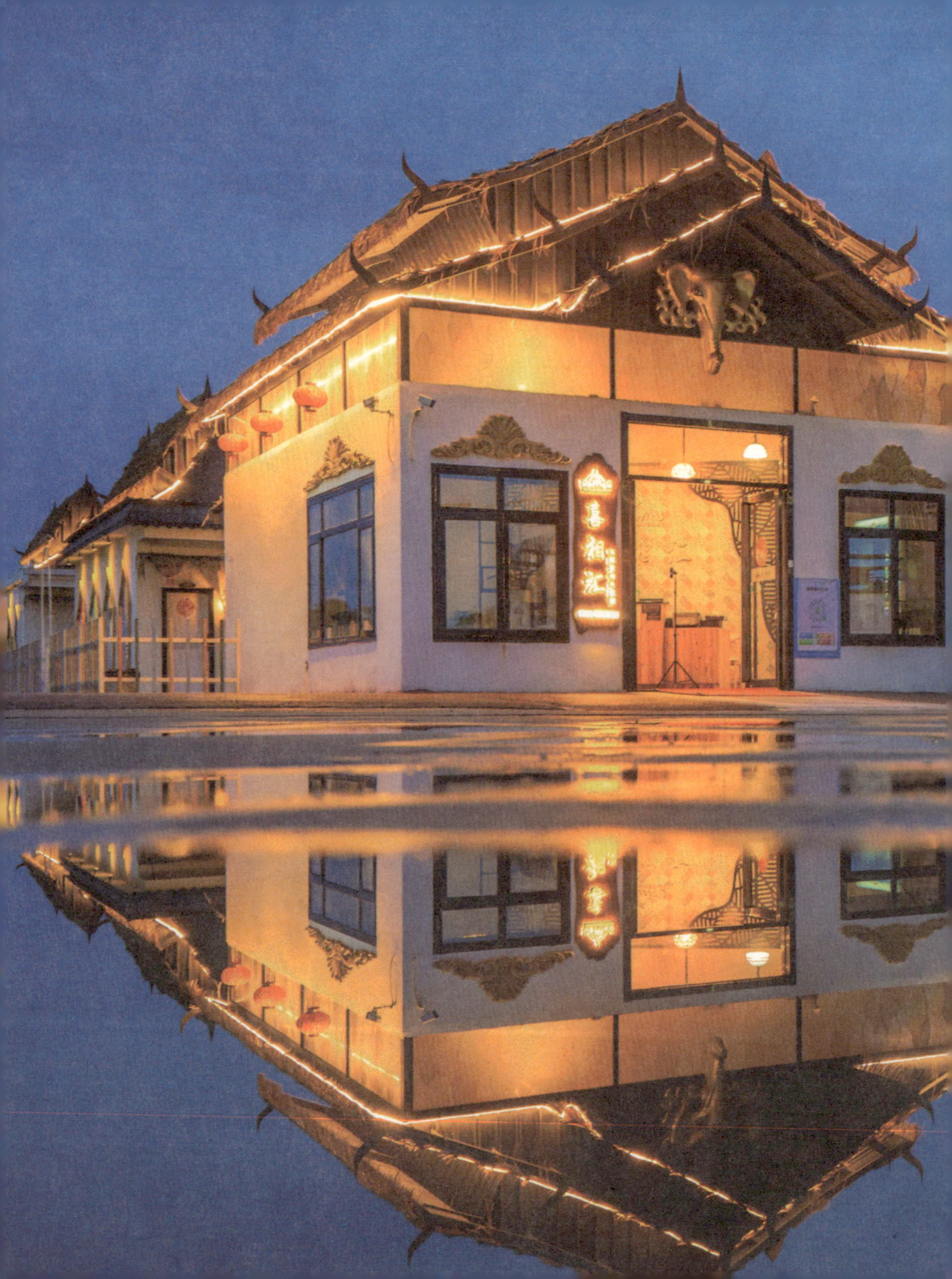
喜相汇

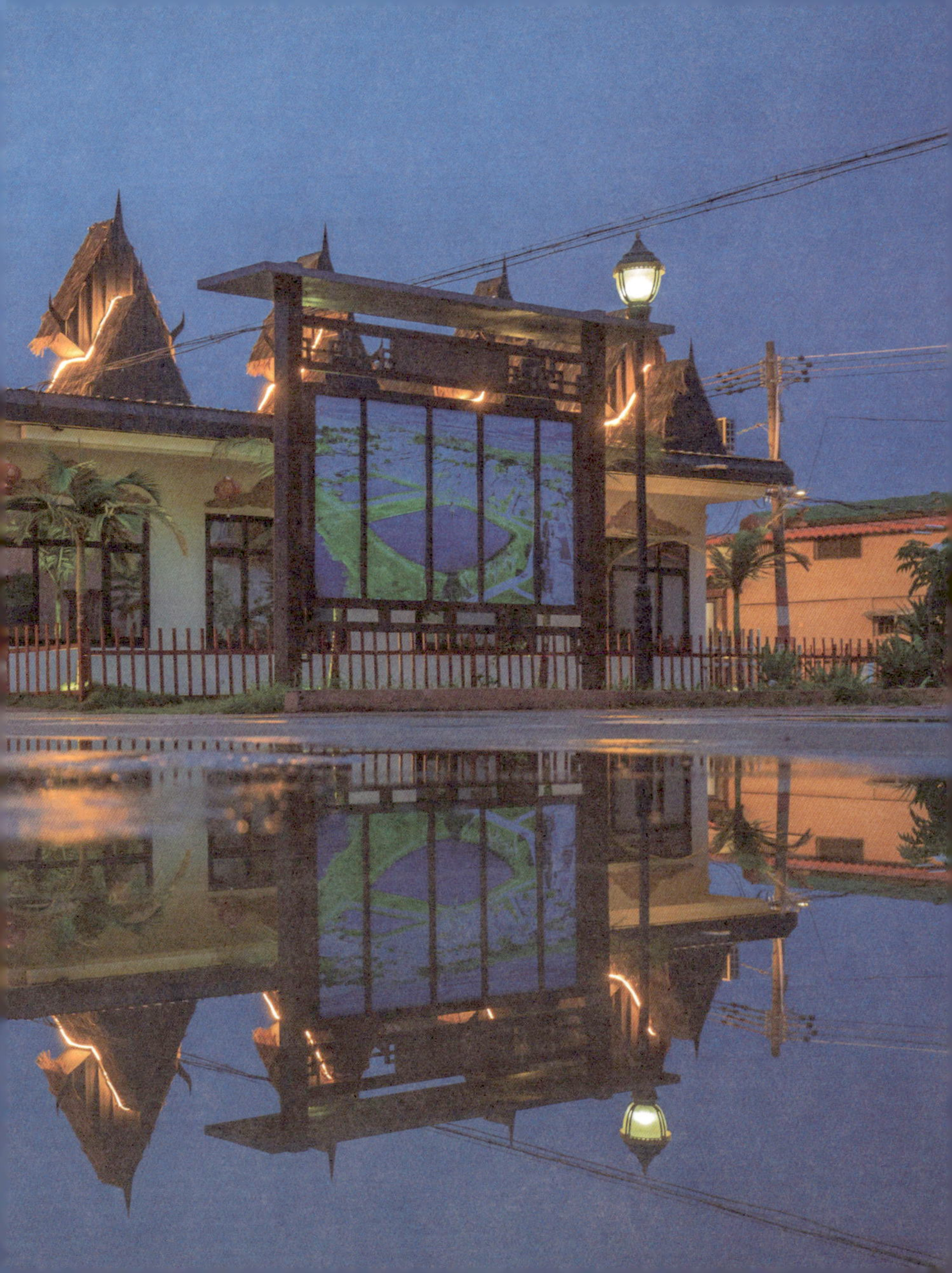

兴政策打"侨"牌——以东南亚特色旅游资源为依托，大力创建"生态宜居美丽乡村示范村（特色精品村）"。看着自己的家乡越来越好，越来越美，整个大环境都让人觉得十分有奔头，于是和几个朋友商量后便决定开设这家"喜相汇民宿"，寓意欢迎四面八方的游客，欢欢喜喜相聚一堂。

值得一提的是，作为本地人的陈先生对当地的一草一物都十分熟悉，在建造民宿之初便想到了老房子改造，于是选择以前提供给外地蔗农的闲置房进行改建，"我们这里是侨村，所以就想着融合本土的文化来进行装修设计"。在结合设计公司、朋友及自己的想法后，"喜相汇民宿"的设计框架就初具规模，但到真正开始动工时，他们发现想象和实践有点不太一样。"我开始设想在民宿的公共区域摆放些具有东南亚风格的老物件，比如竹制的乐器，既漂亮又特别，但是落实的时候就涉及公共区域的监管问题、老物件的保存问题等。"经过多次沟通协调后，陈先生将老物件的展示更换成了东南亚的热带植物，例如充满自然主义特征的斑斓、九层塔、椰树等，让游客仿佛置身于一个小小的热带雨林，不仅能看到，还能闻到。最终的成果也令他满意。如今，他带着客人参观时，会把这些植物作为特色的体现，自豪地向大家介绍。

真诚服务把"头回客"变"回头客"

2020年10月国庆假期正式开业至今，喜相汇民宿负责人陈先生说

在民宿服务与运营中，建筑的外表及装修风格只是吸引客人订房的第一步，让客人满意并增加民宿的复购率，关键在于民宿的服务及提供给客人的体验内容，这才是最考验民宿的内功。

陈先生说："我们的服务员都是当地的侨一代和侨二代。"许多来到民宿的游客，大多是被五丰村的东南亚风情吸引而来，所以在到店后，都会向身旁的老板或是服务员抛出问题："你们这条村是什么样的？""以前老一代归侨是如何生活的？"陈先生和服务员总是会乐此不疲地和游客讲述侨场的故事与归侨文化。不仅如此，作为负责人的陈先生还会贴心地向游客推荐游玩路线，例如走进中心广场边的归侨文化博物馆，聆听一段归侨故事，然后来到东南亚风情馆，观看

一场泰国长甲舞，在傍晚时分去到红林栈道，感受"百鹭齐飞"的壮观景象。

"很多人从客人变成了熟客，然后变成了朋友，熟客又介绍自己的朋友来，也变成了熟客……"陈先生希望，不仅仅是吃喝娱乐，和那些来自各地的游客聚会，吸引更多人、交到更多朋友，这才是自家民宿最大的特点和有意义的地方。

距离民宿不远的地方，还有一座小小的剧场，建在一片椰林里。剧场的屋顶尖尖的，呈人字形，盖有厚厚的稻草。白日里看过村民的表演，也在现场聆听了那个神奇的"昂格隆"的演奏，有一种绕梁三日、久久不绝的感觉。从剧场出来，就到了村庄的最南头，也是另外一个入口。入口旁边有一堵墙，墙面刻有"东南亚风情园"六个大字。还有一立柱，立柱上挂着三块牌子："全国文明村""全国乡村治理示范村""全国乡村旅游重点村"。

所有的生活，都是自己的。民宿打造专属的个人空间，供游客去寻找内心最安定的力量。民宿的客房宽敞舒适、配套齐备、卫生整洁，还提供24小时服务，让游客不仅放心还很安心。此外还配备了烧烤晚会场地、开放式厨房、文娱室、餐厅等休闲设施，让游客在休闲度假、亲朋团建等时候能够充分开展活动。值得一提的是民宿餐厅还提供具有本土特色的美食，如斑斓卷、千层糕、印尼咖喱等。

不知不觉间，夜幕降临，村内华灯初上，给人带来与白天截然不同的感受。漫步于走廊小径，再抬头看一眼星空，这无疑是令人神往的江门民宿吧。

龚 静

喜相汇民宿

营业执照名称	台山市海宴镇喜相汇民宿店
地址	台山市海宴镇五丰村 833 号
预订电话	13356406833
房间数	14
床位数	26
民宿登记证号	JMTS017

微信扫一扫
获取喜相汇民宿最新资讯

五丰村东南亚风情旅游区

　　位于台山市海宴镇五丰村，始建于1963年初，由国务院侨办委托广东省侨办，为安置来自13个东南亚国家和地区的归侨难侨立村，素有"小小联合国"之称。五丰村保留着浓厚的归侨文化，村内语言以普通话为主，美食具有东南亚风味，包括印尼咖喱、印尼斑斓条、千层糕、糯米条、沙爹牛肉、越南春卷等。五丰村自然环境优美、人文资源丰富，发展定位为归侨文化休闲旅游，以独有的人文资源和东南亚特色旅游资源为依托，形成别具风格的归侨村。先后荣获"全国'一村一品'示范村""全国乡村治理示范村""全国乡村旅游重点村""广东省乡村振兴大擂台优秀村"等称号。

关键字：**东南亚风情、华侨农场、斑斓条**

周边景点推荐：**五丰村东南亚风情旅游区**（景区内）
川岛旅游度假区（距离24公里）

川岛旅游度假区

　　国家4A级旅游景区，广东省旅游度假区，以海滨旅游为主题。游客可以参加戏沙踏浪、荒岛求生、海岛寻宝、密林探幽、越野攀岩、深海潜水、帆船冲浪等各类活动。上川岛飞沙滩旅游区、下川岛王府洲旅游区是川岛旅游度假区的主景区。两沙滩滩面宽阔，沙洁如银，浪白如雪，水澈见底，无污染、无鲨鱼，形成了热带海岸特有的神韵。同时按照4A景区标准配套海浴场服务设施。景区内还有多条环岛精品旅游路线，串联了多个特色旅游景点。

/157/

逸泉公馆民宿

人间烟火里的"诗与远方"

- - - - -

钱穆先生在《湖上闲思录》中提及:"世界真如一口网,横一条,竖一条,东牵西拉,把你紧捆扎在里面。"若住在繁华都市,"不由得自己心里不紧张,人生因此愈感得外面压迫,没有回旋余地"。

在忙了一段时间后,小何总会想办法抽几天时间去旅行。抛去工作的内卷压力、家长里短的烦心琐事,忘记钢铁森林的冰冷寒意、车水马龙的轰鸣噪声,找一处民宿,清晨静看云卷云舒,下午静坐品茶闲聊,黄昏泡温泉放松筋骨。尽管流连众多民宿,她却一直对台山的逸泉公馆念念不忘。

逸泉公馆

人间烟火里的
诗与远方

打卡

关键字：**家庭聚会**
　　　　温泉
　　　　轻奢生活

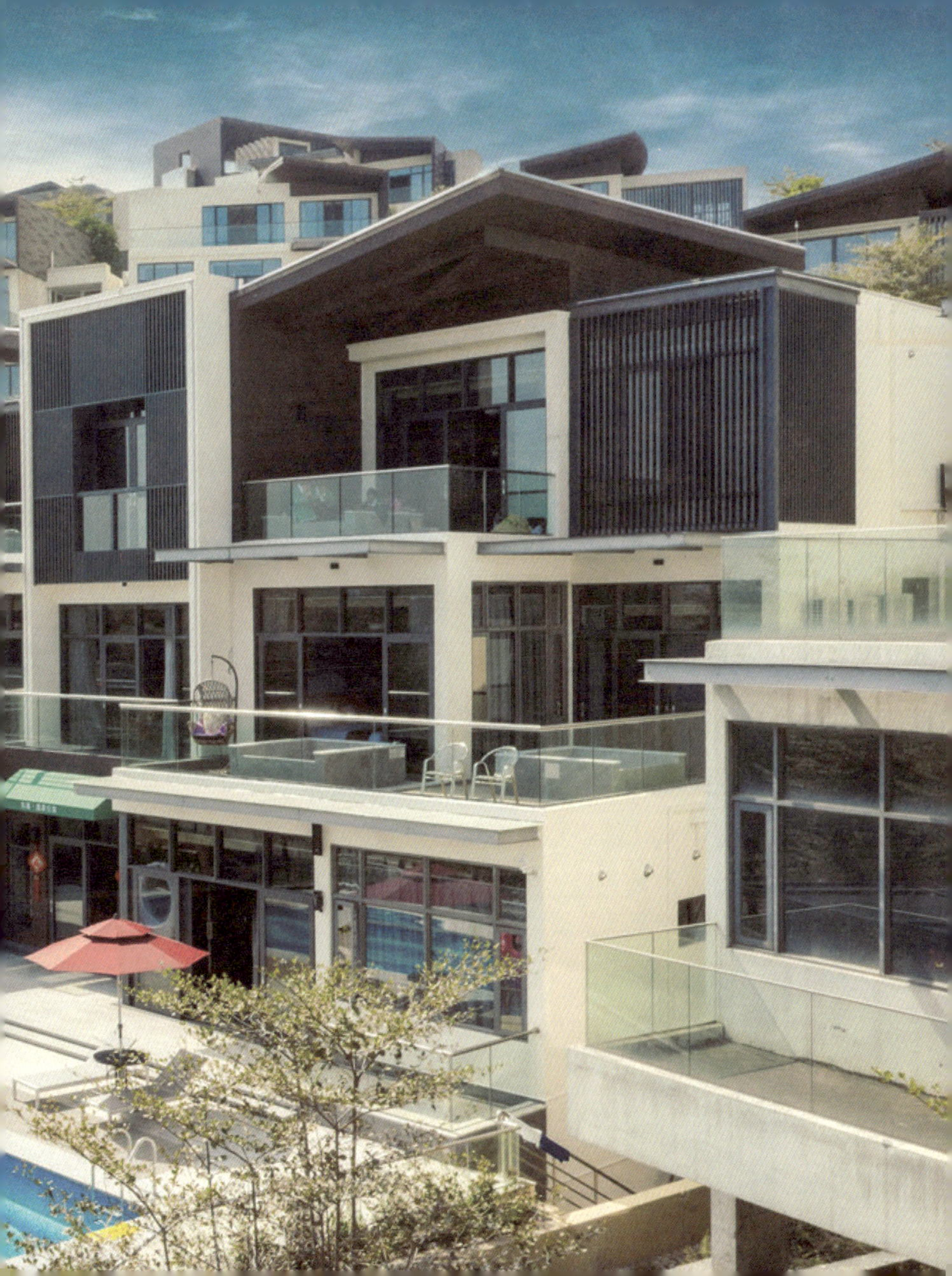

情系台山 结缘逸泉公馆

出于对"面朝大海，春暖花开"的想象，小何对海总是有着说不清的执念。在地图上画个圈，关掉工作的电脑，拖着简单的行李，搭上一辆小车，一路直行，直到看见夕阳的余晖洒在地缘线上熠熠生辉，感受到咸湿的海风从前方呼啸而来，小何笑了。从此，小何结缘了这座海边小城——台山。

泛白的浪花一波接着一波卷到海边，踏浪而行，打湿了鞋袜。脚边的凉意让小何舒服地眯了眯眼，脑袋也更加清醒。日渐西下，小何收起海边打湿的鞋袜，慢悠悠地搭上一辆车。车上放着一首小曲，小何在惬意悠扬的曲声中，去往预订的住所——逸泉公馆。

走进台山市三合镇颐和温泉度假别墅区，一幢幢特色民宿在平谷山野间崭露头角，夜色清幽、灯火点点，让小何不禁想到《千与千寻》中主角千寻无意闯入的神秘小镇。到达东富·逸泉公馆门前，这幢浓郁的中式风格别墅吸引了小何。橙黄的灯光驱散了一路的山间清幽，让小何的内心霎时变得更加温暖起来。

进入庭院，一路沿途，无边泳池、露台温泉泡池、摇摇椅、沙滩床……人间烟火气再次充溢着小何内心最柔软的地方。小何暗自下定决心，下一次一定要带上家人朋友，一起感受这份幽静安宁。

"于是，就有了第二次。"小何笑道。

即使是第二次来，小何依然对这里充满好奇。日间的逸泉公馆，与夜色下的又有所不同。明亮的光景、清幽的山风、翠绿的树荫为逸泉公馆平添了几分悠然。

同行的小朋友们急急忙忙冲向水上乐园和沙滩床，长辈们拘谨地待在恒温按摩池内聊天，友人们摸上麻将吆喝起来，小何坐在庭院摇摇椅上，手机里正放着一首《平凡的一天》。

夜色降临，同行的友人们开始架起烧烤架，一串串食物散发诱人香味，小朋友们乖乖围坐一方，馋虫似的盯着烤串，有时不小心流出了哈喇子。

"有情有义"是民宿的"内核"

"每一次来，都有不同的体验。"走时，小何微信留言给逸泉公馆主理人朱艳玲。在小何看来，一个好的民宿所带来的，不再是纯粹的商业服务关系，而是价值观的认同感。

朱艳玲与小何同龄，小何的留言让她有种惺惺相惜的感觉。数年前，朱艳玲心怀民宿梦，逸泉公馆便成为她梦实现的场所。

"民宿承载着民宿主理人的独特思想。创立逸泉公馆的出发点很简单，就是想提供一个舒适度假的环境，让在城市生活的人感受到舒服和放松。"朱艳玲说，逸泉公馆还会提供贴心的管家服务和高端的配套，干净舒适，能够适应不同的客群和场景。

朱艳玲很清楚，与酒店不同，民宿是一个具有人情味的社交场所。"民宿和客人之间的互动是通过我们的服务和接待产生的，我们致力于个性化服务，根据入住客人需求进行布置和安排。"朱艳玲说。

朱艳玲认为，民宿的本质从来都没有改变。主理人的分享，有缘人的入住，每一次相遇都是缘分。有一次，入住的客人是一位久居海外多年未曾回国的华侨爷爷及他的子女们。从其子女口中得知恰巧遇到这位爷爷生日，朱艳玲和其他工作人员贴心地准备了台山特产礼包，让思乡情切的华侨爷爷感受到了家乡人民的热情。

"'有情有义'，才是民宿背后支撑的精神。"提到民宿的故事，朱艳玲感叹道。

"'外层'为服务，'内核'为情感"是朱艳玲为逸泉公馆打造的理念。除此之外，朱艳玲还会倾情推荐客人们去台山各处旅游景点观光。

"上下川岛有沙质优良的天然海滩，有风光旖旎的小岛和海湾；梅家大院是电影《让子弹飞》的拍摄地；北峰山森林公园是一条具有特色的绿色生态旅游风景线；翁家楼位于台山市端芬镇庙边模范村，三座主楼称刘备楼、关公楼、张飞楼……"若是客人问起周边景点，朱艳玲能如数家珍地一一列举出来。

"台山在旅游资源方面，无论是海景资源还是历史文化资源，都十分丰厚。同时，台山交通区位优势明显，从广州出发只需2小时便可到达，交通十分便捷。这使得台山旅游业繁荣至今。旅游能够带来游客，这也是我们作为民宿赖以生存的基础。"谈及台山，朱艳玲十分感恩。她认为，民宿也应该努力发展反哺台山旅游业，与其形成双向推动循环。

在谈及民宿推荐时，朱艳玲有自己的见解："生活中不只有柴米油盐，还要有'诗和远方'。如果有空，便抽点时间，带上家人和朋友，去寻找一家合你心意的民宿，体验其中的韵味和情怀，感受曾经忽视的慢节奏生活，为心灵放个假。"

方 艺

逸泉公馆民宿

营业执照名称	台山市三合镇荣信贸易商行
地址	台山市三合镇温泉颐和城 G 区二街 10、11 号（逸泉公馆）
预订电话	13827054133
房间数	14
床位数	14
民宿登记证号	JMTS025

微信扫一扫
获取逸泉公馆民宿最新资讯

格局民宿

山川湖海，厨房与爱，都值得拥有

● ● ● ● ●

你有没有想过，有一天你也可以拥有属于自己的私家温泉，在一个明媚的晴天，被温润纯净的泉水簇拥着，抬头所见是蓝天白云，极目远望有山拥水绕，最新鲜的空气就在鼻尖，最好的朋友就在身边。

在江门台山市三合镇，有这样一间格局民宿，可以实现你的愿望。

它位于半山腰，原生态山景旷野"免费赠送"，自带私人庭院及引富硒温泉入户的露天泡池，是让人去过一次就流连忘返的宝藏网红打卡地，也是能让人感受到"心安即吾乡"的温馨民宿。

格局民宿

山川湖海
厨房与爱
都值得拥有

放下忙碌，定制一场浪漫的温泉之旅

　　这间"年仅一岁"的温泉民宿，诞生于三合镇颐和温泉城内，与此处众多"成年"民宿（别墅）相比，它是当之无愧的"小年轻"。

　　格局民宿外观典雅，远远望去，淡黄色外墙搭配黑色金属条框极富质感；绿树、青草、红花环绕门前，大红灯笼高高挂起，平添了几分明艳生动之美。

室内则采用浪漫多彩的北欧风装饰，大片灰白色打底，低调奢华、蓝色、橘色、绿色等高饱和度色块点缀其中，变化多端。不同的房间、不同的颜色特征、不同的风格，像万花筒一样跳跃呈现，让人眼前一亮。

独成一栋的民宿，兼顾了空间的私密性与开阔性，几百平方米的大庭院内，各种功能室应有尽有。好友相聚可以到棋牌室小玩几把，再到天台花园烧烤狂欢；麦霸碰头可以到KTV尽情欢唱，打卡拍照就去梦幻灯光走廊；如若小孩同行，就让儿童游戏机"大显身手"……功能齐全的配套设施，贴心的家居设计，足不出户就满足多元需求，让人来过一次就爱上。

出来游玩，自是追求身心舒畅。格局民宿拥有超大落地窗，视野开阔，水域山岚尽收眼底。作为温泉民宿，玩水是它的重头戏。这里既有私家温泉，又有泡池、泳池，变着"花样"让你获得满分体验感。

露天泳池颜值颇高，如玻璃般透明的水面，随着日月流转、光影变化，酿就一池苍、碧、靛、青、蓝。

人们常向往"偷得浮生半日闲"，而真正的闲情，怎能少得了天然温泉。格局民宿引天然富硒温泉入户，泡在大自然馈赠的温泉里，身心的疲倦好像融成了水,慢慢蒸发了,你感觉自己身处一个水雾萦绕的天然氧吧,神清气爽,心旷神怡。

甩开工作的忙碌,于此间天地赏绿、戏水、泡泉,离尘而尽繁华,遗世而不独立。玩累了,就一觉睡到自然醒。关掉闹钟,等窗外的阳光温柔地洒进来,唤醒你。

清晨在观景阳台欣赏晨曦美景;傍晚对着远山静观落日;夜色渐浓时,抬头看满天星斗,等着银河降临。来这里,你可以远离城市的快节奏,给心灵彻底放个假。

与你同行的人,都是重要的人

如果说,自由与浪漫是民宿的底色,那与你同往民宿的人或许就是那一抹最迷人的亮色。

好的民宿通常有故事、有灵魂,有属于自己的过去与未来。关于格局民宿,它也有属于自己的"小秘密"。

为我们揭开这个秘密的人是阿英,她是格局民宿的创始人之一。记得与阿英第一次通电话,在简单的自我介绍之后,她立刻毫不避嫌地询问我的位置,然后熟练地告诉我:"你那个地方距离我们民宿大概70公里,车程一个半小时不到。"邀请每一位感兴趣的朋友去她的民宿看一看、玩一玩,是阿英的习惯,是工作使然,也是她的热情促使。

聊到经营民宿的初衷,阿英坦言,主要还是迫于现实压力,近些

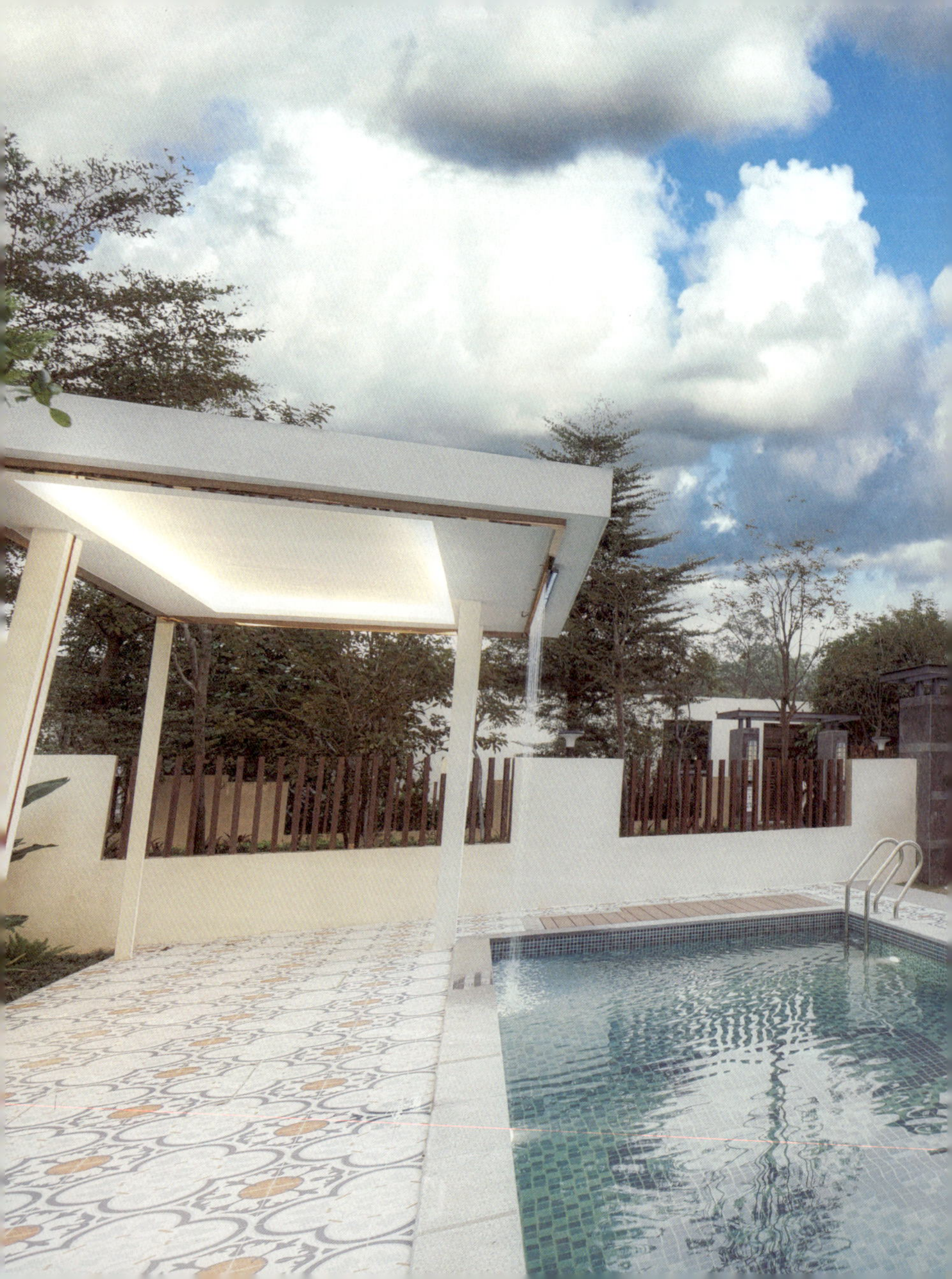

打卡

关键字：**家庭聚会、温泉、私密**

年受外部环境影响,其公司的工程款很难收回,"无奈之下只能活化空置房"。

之前阿英和她的伙伴主要从事装修装饰方面的工作。"公司做了快20年了,不能坐以待毙,身边还有几十号兄弟姐妹要吃饭,加上之前我们有幸做过很多乡村振兴活化改造工程,看到近几年民宿产业在台山温泉城慢慢兴旺起来,所以咬咬牙,贷款把之前未装修的空置房装起来,走上了民宿创业之路。"

作为台山本地人,即使是在事业最艰难的时候,她也离不开这片土地,更放不下一路走来与她同甘共苦的兄弟姐妹。

格局民宿就诞生于这样一个现实主义故事里,是一群创业的兄弟姐妹在疫情之下"不抛弃不放弃",发誓要一同行至天光的产物。

2021年,阿英与她的伙伴精心打造并推出了"格局民宿"。她在朋友圈极力向人推荐自己的"新作",难掩激动之情的数行文字,配上九张反复挑选过的照片,宣告她的宝贝第一次与这个世界正式见面。

岂曰无衣,与子同袍。友谊、爱与温暖,在这间民宿诞生之初,就融入了它的血脉之中。2021年11月,格局民宿入选江门市"最美民宿"评选活动。有"精神"的民宿何愁不被人看见。

沧海浮尘,芸芸众生,因为有人相知而烟火气十足。在这儿的24小时都像是被施了快乐的魔法。清晨起床,拉开窗帘,只是人间的一个普通早晨,却因为窗外陌生的世界而拥有无尽惊喜,更因为身边熟悉的人而充满温柔与安全感。沉浸在民宿早起后的醉人清晨,用浓情蜜意绣出生活的斑斓色彩。这样的生活，谁又能说不是人间理想。

最美好的故事，永远不是孤单的。你闻，清甜的山风夹杂着烧烤的香味；你听，潺潺的水流声中有欢声笑语，是哪个幸福的人儿，刚被爱人的"美食投喂"扰乱心绪，又被友人的"歌声召唤"拨动心弦。

人生的故事翻到了最动人的一篇，就让我们在一个温柔明媚的日落时分，来到格局民宿，一起喝酒吃肉泡温泉，并肩看山看水看晚霞。有你有我，有我们，这里就是全世界。

山河湖海，厨房与爱，愿你都能拥有。

刘　佼

格局民宿

营业执照名称	台山市格局民宿店
地址	台山市三合镇温泉颐和城 G 区一街 19 号（G2-2）
预订电话	18026771313
房间数	6
床位数	8
民宿登记证号	JMTS040

微信扫一扫
获取格局民宿最新资讯

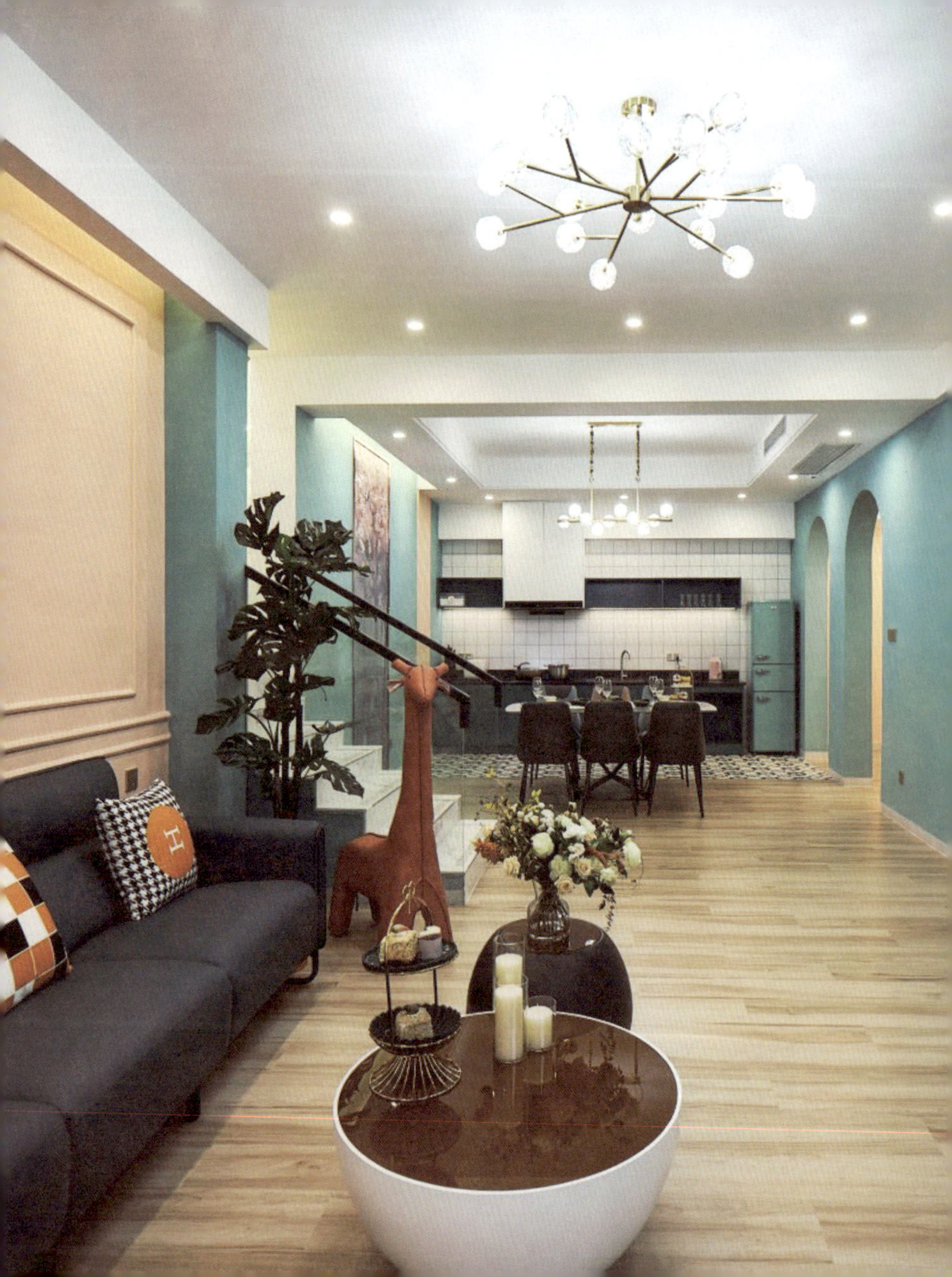

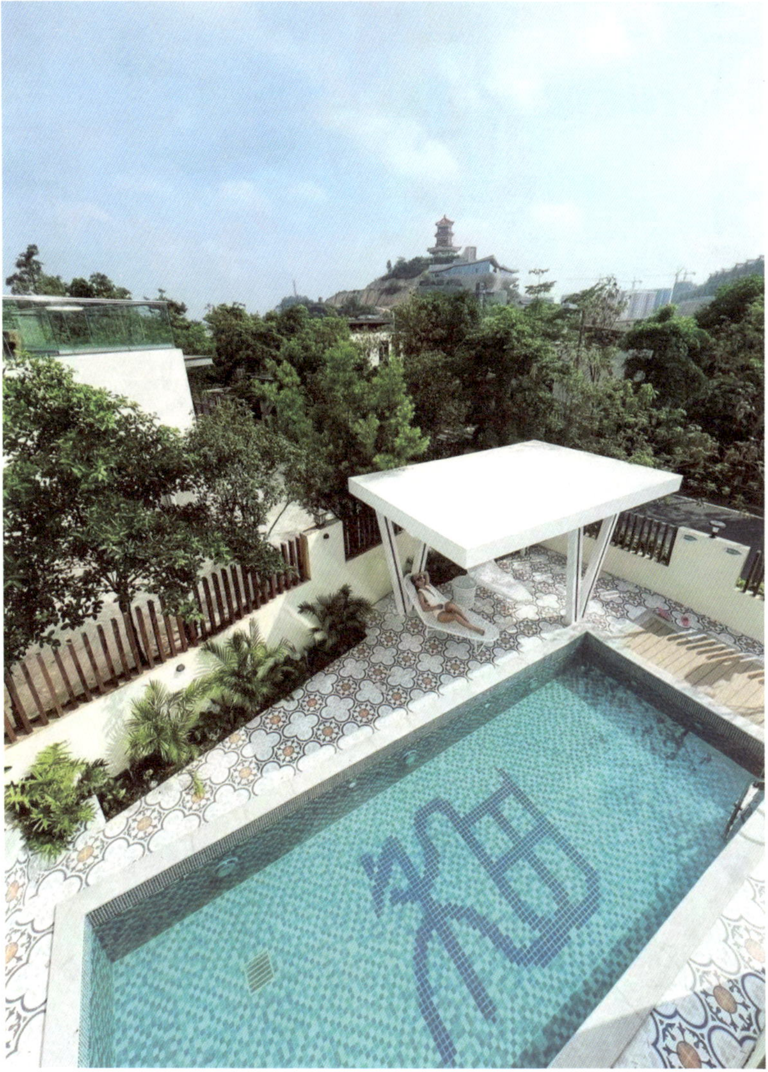

倮泉鸟

住进风景画里的温泉民宿
觅得浮生半日闲

冬之伊始

倮泉坞民宿

冬之伊始，住进风景画里的温泉民宿，觅得浮生半日闲

● ● ● ● ●

有这么一个地方，你可以尽情地在热气腾腾的温度里，享受大自然的馈赠；有这么一个地方，你可以从快节奏的生活里慢下来，暂别城市中的喧嚣烦恼。在这里泡汤品茶，感受"结庐在人境，而无车马喧"的美好。倮泉坞温泉民宿，便是打开广东秋冬的正确生活方式，为您提供沐浴山中的别样体验，带来身心的愉悦与满足。

推窗见山听水，开启富硒温泉养生之旅

　　台山三合镇自然条件优越，三合温泉是台山八景之一，拥有着出水量大、水温高、水质好的特点，且含有30多种对人体有益的微量元素，极具开发价值。

　　倮泉坞民宿，便是位于台山市三合镇颐和温泉城里的一栋别墅。

夜幕降临，这家隐逸于山林之中的温泉小屋，灯火阑珊，仿佛走进了《千与千寻》的世界。

在设计师老板加上茶艺师老板娘打造的民宿里推窗见山听水，远眺城市繁华，是一种怎样的居住体验？

傈泉坞民宿拥有8间私密客房，营造出"独立小院、温泉私汤"的体验环境，使自然的闲适与体验完美结合。在外观的设计上，以新加坡现代风格的斜板屋顶结构为主，充满古朴气息，在阳光下投射出温暖而有记忆感的光影。步入室内，别有一番洞天，用一句话来形容便是：用现代手法讲述中式故事。全屋以天然大理石和柚木饰面装修，搭配胡桃木全屋实木家私，主力打造以木石结构为主的东南亚休闲舒适风格。整座民宿布置了藤编床靠、衣柜门扇、木吊扇、中式木窗花酒柜等，温和的木头散发着幽幽木香，泡完温泉之后给你带来沉沉的睡眠。

房间内大片的落地窗让住客尽览满陇美景，推窗眺望，房前屋后绿影婆娑，不仅可以看到院中小景，还能远眺山林，有一种安宁幽静的气息。

品茗聊天，茶香幽幽，是你在傈泉坞民宿感受心静如水的瞬间。一走进民宿大堂，就能被茶桌木墩椅，还有摆在架子上的满墙茶饼所吸引。主理人为客人备好云南百年老树生茶，福建福鼎十年存储以上老白茶，湖南安化顶级黑茶砖……民宿老板娘亲自烹上一壶好茶，与来者交流生活、艺术追求及认知，令人如回到家那般亲切。在这里可谓赏山湖美景,闻茶香清幽。倮泉坞民宿把中国茶文化融入"硒泉"养生,使旅客的泡汤旅程锦上添花。

高标准生活,极致体验,是倮泉坞民宿带给你的另一种享受。客房的设计将智能化家居应用得恰到好处:智能马桶、密码门锁、五星级贴身床品、浴品,还有私人管家,给来客带来舒适的居住体验。民宿老板说道:"为了使住客在这里的短暂生活更加便利,我们使用了一部分的智能产品,但是更多的还是以自然为主,不让科技喧宾夺主。"科技与自然的融合,不会让所谓的"设计感"拉开来客内心的"距离感",方便舒适的同时感受倮泉坞民宿的质朴、亲切。

逃离大城市,给住客提供回到家般亲切的体验

在开创倮泉坞民宿之前,老板一直在深圳从事建筑设计工作。老板娘则是持证的品酒师、茶艺师。在同一个环境工作多年,总觉得应该有一些变化,让生活有新的活力。

老板夫妻和台山结缘早在十几年前就开始了。当年,夫妻俩第一次来到台山温泉放松身心,得天独厚享有富硒水的千年温泉便给他们留下了深刻的印象。"台山这座城市最吸引我的是它的自然环境,还有它农业城市的定位,我能预感它以后的生命力将非常强大。在这样的驱动力下,我有设计,台山有温泉,何不结合做一家温泉民宿的想法油然而生。"于是在2020年,这对深圳夫妻按下了他们自己做民宿的按钮。

只有顺着心意去活,每一天才不算虚度。

倮泉坞民宿在2021年10月1日正式开业,秉承着来者皆是客,都值得老板娘沏上一壶好茶相待的经营理念,一年时间,他们在当地拥有了不小的名气,更收获了各路粉丝。

民宿与酒店最大的不同点在于,它十分强调民宿主人的生活品位和态度,更是通过亲情化的运营给客人带来接地气的体验。在经营民宿的过程中,除了提供干净、卫生、安全的居住体验外,在自然中放松、交流,加深旅途中与来客的关系更是倮泉坞民宿老板所追求的。

"无论认识不认识,大家坐下来一起沟通文旅项目、城市发展,还有台山的优势,我们也会毫无保留地向来客介绍周边吃喝玩乐的项目。久而久之,我们跟很多客人从互不相识变为投缘好友。"老板表示。

其中有一家来自深圳的住客,被民宿主人的生活方式与台山的自然环境所吸引,在这儿住下后就不舍得离开。人一旦和一个空间产生了烟火的联系,自然就有了归属感。这家住客不但一年时间里来往倮

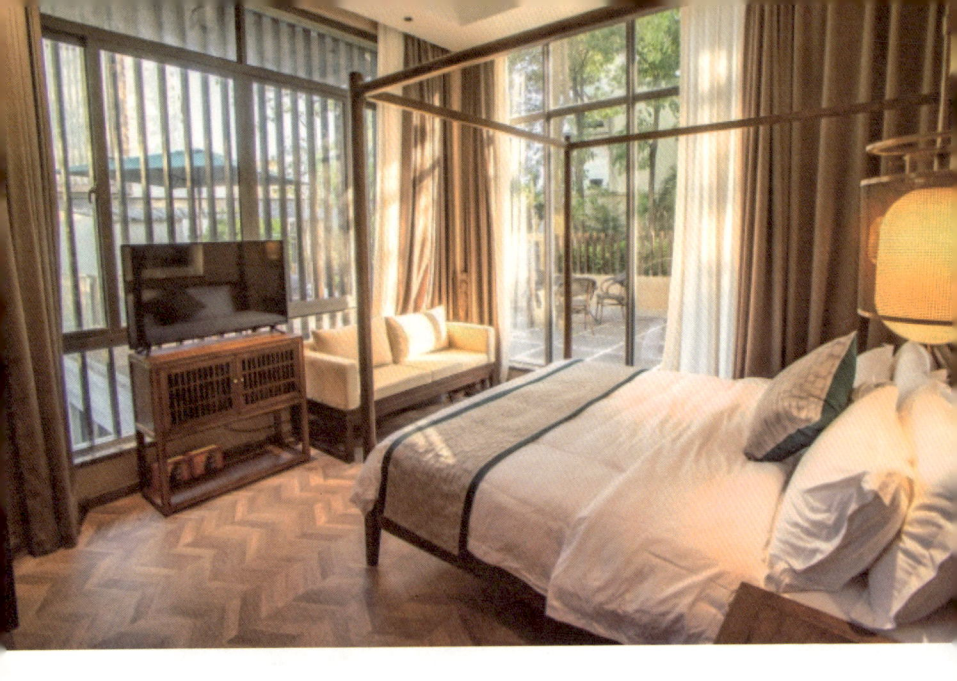

泉坞民宿4次，回到深圳，还与老板把广东人的口头禅"得闲饮茶"落到实处。

除此以外，民宿里卡拉OK房、茶厅、咖啡厅、饭厅、厨房及棋牌房一应俱全，可以满足不同人群的需求。室外丰富花园与露台多层次空间，既保证温泉的私密性，同时增值每个休闲空间的灵动性。打理得井井有条的庭院，还配备烧烤炉，给住客舒适悠闲又有家的感觉，可以说是度假、亲子、婚庆、同学聚会及公司高层团建的理想温泉民宿。

在这里，大家不仅能在潺潺泉水声中寻得一缕清幽，还可以体验百年辉煌华侨建筑群的真实故事和片段。

从这里驱车30分钟即可前往台山水步镇的"网红"古村——水步

镇名村草坪里。草坪里现存的古建筑大部分为晚清至民国时期所建,村中宗祠、私塾、洋楼、青砖屋等古建筑星罗棋布,古韵悠悠,侨味浓郁。你还可以前往端芬大隆洞水库感受群山环抱,登上山顶,俯瞰千岛湖中大小岛屿,是你拍照、钓鱼、露营的好去处。

"江门台山是大湾区不可分割的一部分,有着大湾区山湖海的无敌自然环境资源,同时拥有百年辉煌的华侨历史。在不久的将来,深中通道、黄茅海大桥通车后,我相信会吸引更多珠三角乃至粤东的游客前来感受台山的自然美好。"提及台山这座城市,老板自豪地说道。

大好时光就应该跳进自然的怀抱中!远离喧嚣,抛下循规蹈矩的生活,来倮泉坞民宿让富硒温泉水浸润你的身心吧!

梁诗雅

倮泉坞民宿

营业执照名称	台山市三合镇倮泉坞文旅投资有限公司
地址	台山市三合镇温泉颐和城 G 区一街 11 号（G4-2）
预订电话	13662212728
房间数	9
床位数	12
民宿登记证号	JMTS041

微信扫一扫
获取倮泉坞民宿最新资讯

台山华侨文化博物馆

　　位于台山市台城南区台南大道北侧陈宜禧路西侧，楼高6层，建筑面积10271平方米，整个展馆以华侨文化、华侨名人、城市规划展示、华侨文物为主要内容，运用实物、图片及影视等多种方式把华侨文化与历史故事予以展示。整合浓缩侨乡历史、特色民俗文化、非遗文化，利用先进的声光电技术，让观众可以直观了解台山社会经济建设、侨乡历史文化的发展。

关键字：**小资情调、小型聚会**

周边景点推荐：**颐和温泉城**（距离500米）
　　　　　　　台山华侨文化博物馆（距离8公里）

颐和温泉城

　　国内首个以瑞士瓦尔斯建筑风格为主题的温泉景区，占地3万平方米，以"温泉养生、休闲度假、颐养居住、侨乡文化"为主题。目前拥有300多间宽敞新颖的豪华客房，集温泉泡浴、养生保健、餐饮住宿、会议培训、商务洽谈、生态观光、旅游度假为一体，致力打造成为一个以养生温泉、休闲旅游、生态居住、休养度假为主题的国际一流温泉旅游度假区。

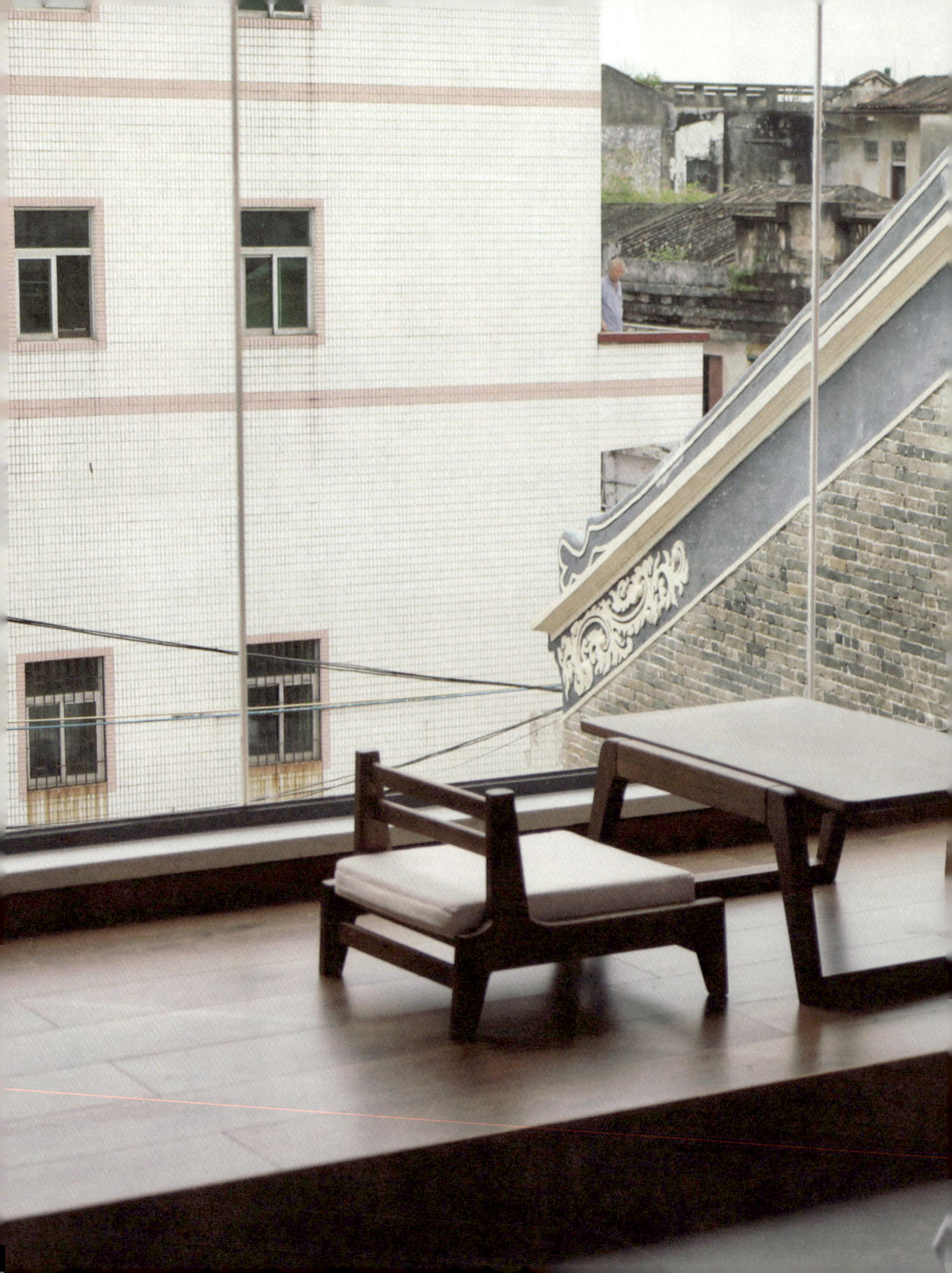

开平市

- 碉民部落民宿
- 赤水红楼民宿
- 此间·国际研学空间
- 月和居民宿

碉民部落

穿越时光
感受百年民宿风情

碉民部落民宿

隐身旧墟的侨乡小博物馆

• • • • •

在世界文化遗产"开平碉楼与村落"核心区——开平市塘口镇，坐落着一间"有趣"的民宿——碉民部落，和名字一样别出心裁的还有民宿的陈设，老板张小明收集的1000多件侨乡老物件将民宿"打扮"得妙趣横生、古朴隽永。置身其中仿佛穿越时光，感受100多年前的侨乡民俗风情。

旧建筑变身精品民宿

塘口旧墟，过去是塘口镇的政治、商贸中心，保留着一批独具侨乡特色的旧建筑，碉民部落就隐匿在旧墟中，隐身闹市，独取一隅宁静。近年来，经过塘口镇的活化改造，对旧墟沿街商铺进行风貌提升，将穿旧墟而过的路改造成"彩虹路"，旧墟更显古朴质感和新时代活力。因此，旧墟吸引了包括碉民部落在内的一批民宿落地于此。此外，旧墟周边还有江门市乡村振兴培训中心、旧礼堂咖啡馆和图书馆、开平市"两山"展示馆、古宅月刊社、美丽乡村强亚村、古村祖宅村……下榻碉民部落，不仅可以领略侨乡底蕴，还能参观美丽乡村。

碉民部落并非新建，而是活化了那些民国时期和新中国成立早期的旧建筑，让曾经的旧厂房、旧百货摇身一变，成了新时代的精品民宿。经过一番保留古朴质感的改造提升，张小明将曾经闲置近20年的建筑盘活了，将咖啡馆、清吧、农家厨房、侨乡物件展馆、写生基地、陶艺馆、运动自行车等"装"进了这些旧建筑里，让游客可以在古朴的民宿中享受到现代化的服务项目。

沿着塘口旧墟街巷拐进碉民部落，展现在眼前的是一座古色古香的老建筑，斑驳的外墙不加修饰，还可以看见岁月的痕迹，墙上的彩色玻璃窗更添古味。张小明介绍，碉民部落的设计建造遵循"乡土风格"，民宿的公共装饰有不少是对原物业拆卸的废弃闲置建筑材料的重新使用。张小明打趣道："我们是本土人活化乡土文化，营运本土企业讲好本土故事，营造'灵魂乡味'。"

走进民宿一楼大厅，迎面就是前台和水吧为一体的吧台，入住旅客在这里登记入住，还可以顺便点一杯可口饮品。民宿里有不同风格的客房，清新型、农家风格、商旅格调，总有一个你喜欢的旅居环境。挑定房间，办好入住后，可以下到一楼寻找更多的乐趣。

一楼的陈设充满乡土美感——碎花桌布、藤椅、木桶改造的桌子，看似随意地摆放，却处处透露出设计者的巧思，怀旧感和设计感十足。一楼左边是陈列老物件的侨乡物件展馆，穿过展馆再往里面走就到了后院。后院是一个小园子，园中绿植青青，四时花开，白天这里是小花园，晚上就是清吧。

打卡

关键字：广东省乡村民宿示范点

乡村旅游

骑行

侨乡物件展馆

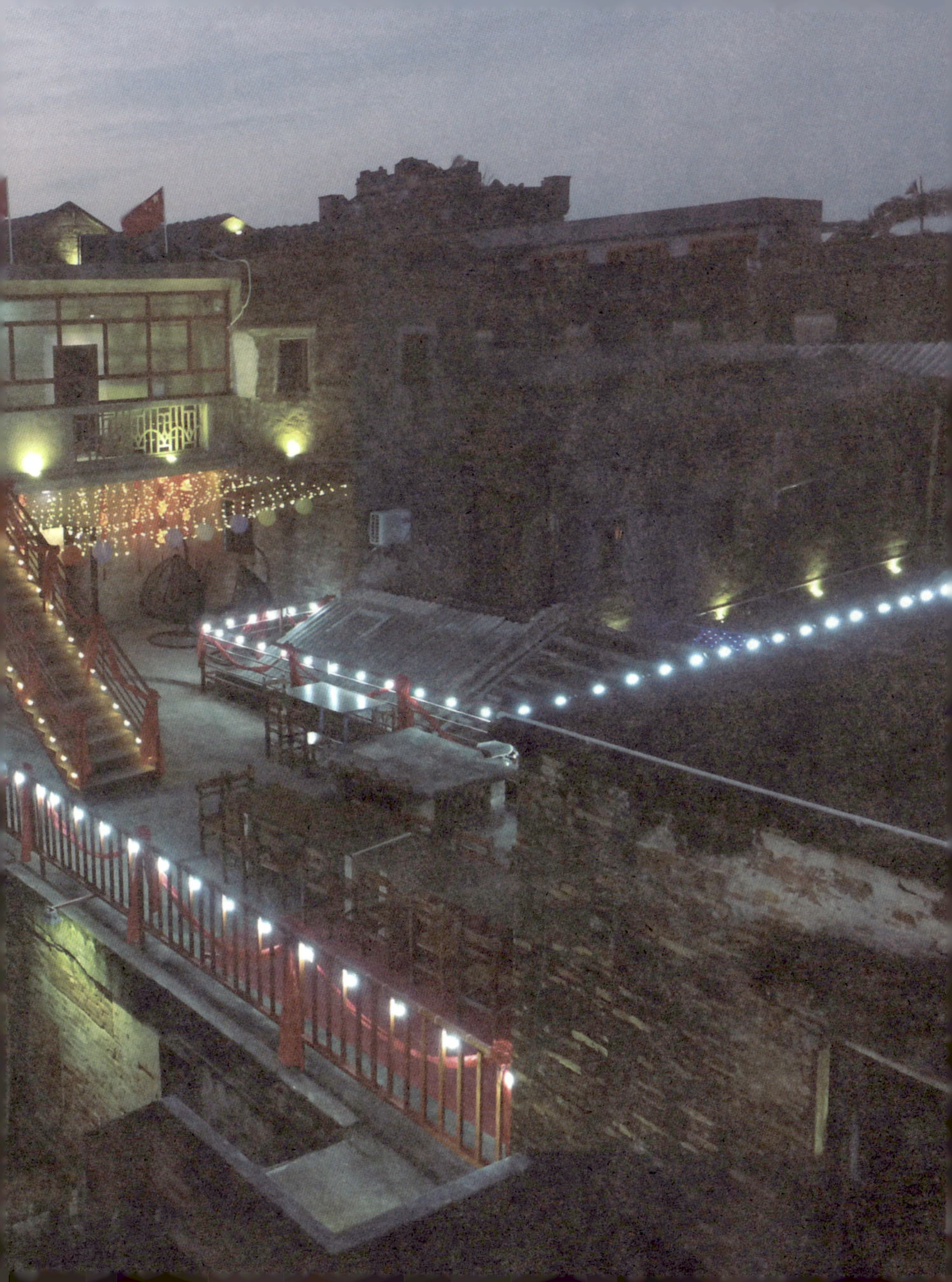

秋夜，月上柳梢，民宿华灯初上，暖黄的灯光将民宿衬托得更为温暖和古朴。这时候后院的清吧也正是热闹的好时候，在这恬静的田园夜晚和三五好友相约院中品酒畅谈，抬头可以望见乡村的闪烁星空，耳畔是虫鸣鸟啼，拂面而过的微风都带着甜蜜的稻香。

侨乡民间小博物馆

碉民部落的一楼，俨然是一个侨乡民间小博物馆。

张小明专门在民宿一楼开辟了一间侨乡物件展馆，在600平方米的空间里，陈列着张小明10多年来从乡村、碉楼搜集来的1000多件本

土物件，有旧时地契、侨胞银信，有旧单车、旧邮箱、煤油灯、缝纫机、算盘等老物件，还有农事工具……入住的客人置身其中仿佛穿越到过去，跟着老物件了解当地历史文化和生活风俗。

张小明经常到村里逛，看到老物件就收集起来，慢慢积累，不知不觉间就积累了这么多。这个小小的展示馆成为"碉民部落"的特色，深受广大旅客的喜爱。在携程网等订购平台和小红书等推荐平台上，不少旅客都留言表达对这个特色民宿的喜爱——"里面简直就是一个宝藏博物馆，收藏了大量本土旧物，十分有意思。""碉民部落是一家设计感十足的民宿，摆放了很多老物件。""有特色，说是民

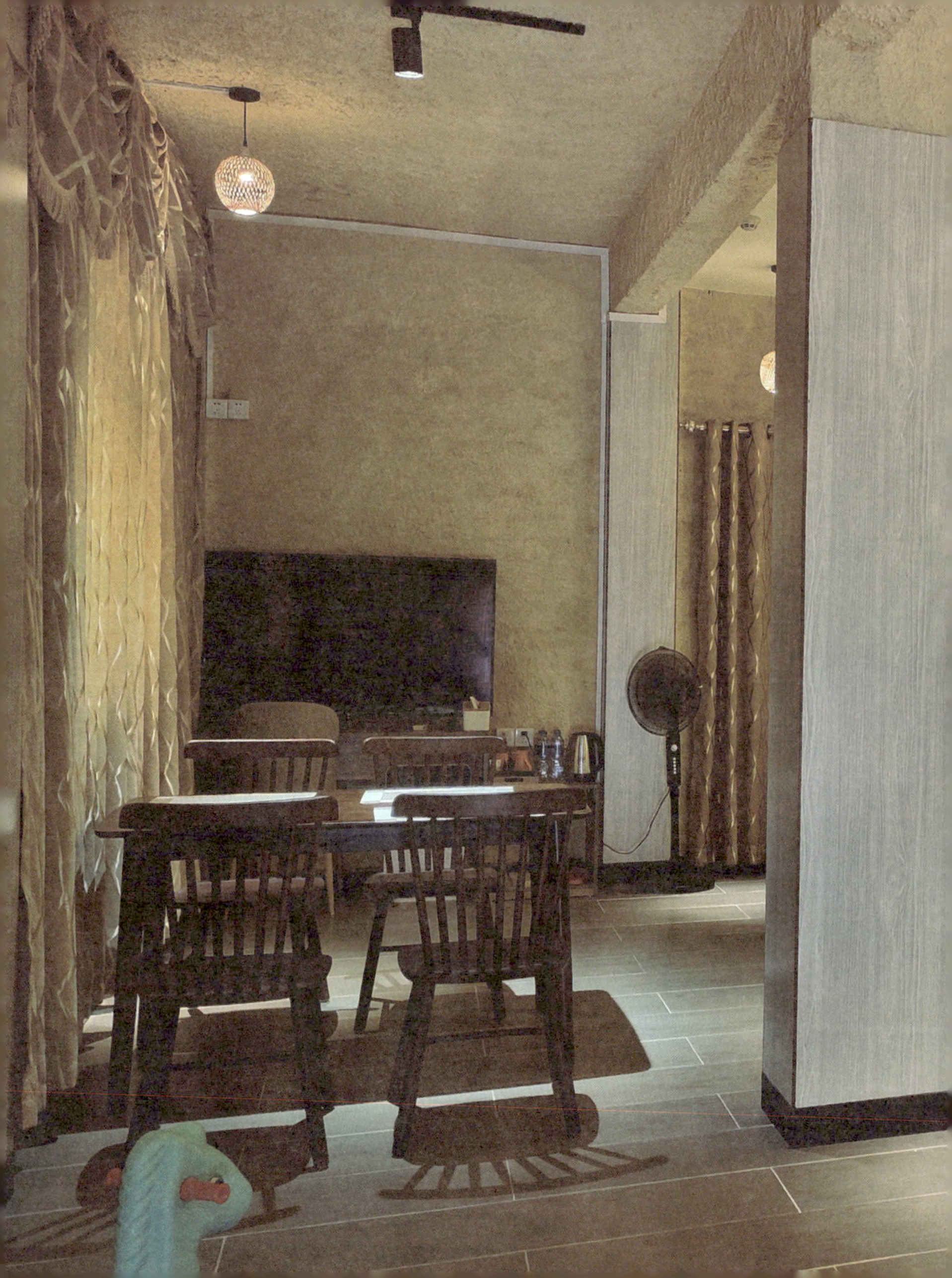

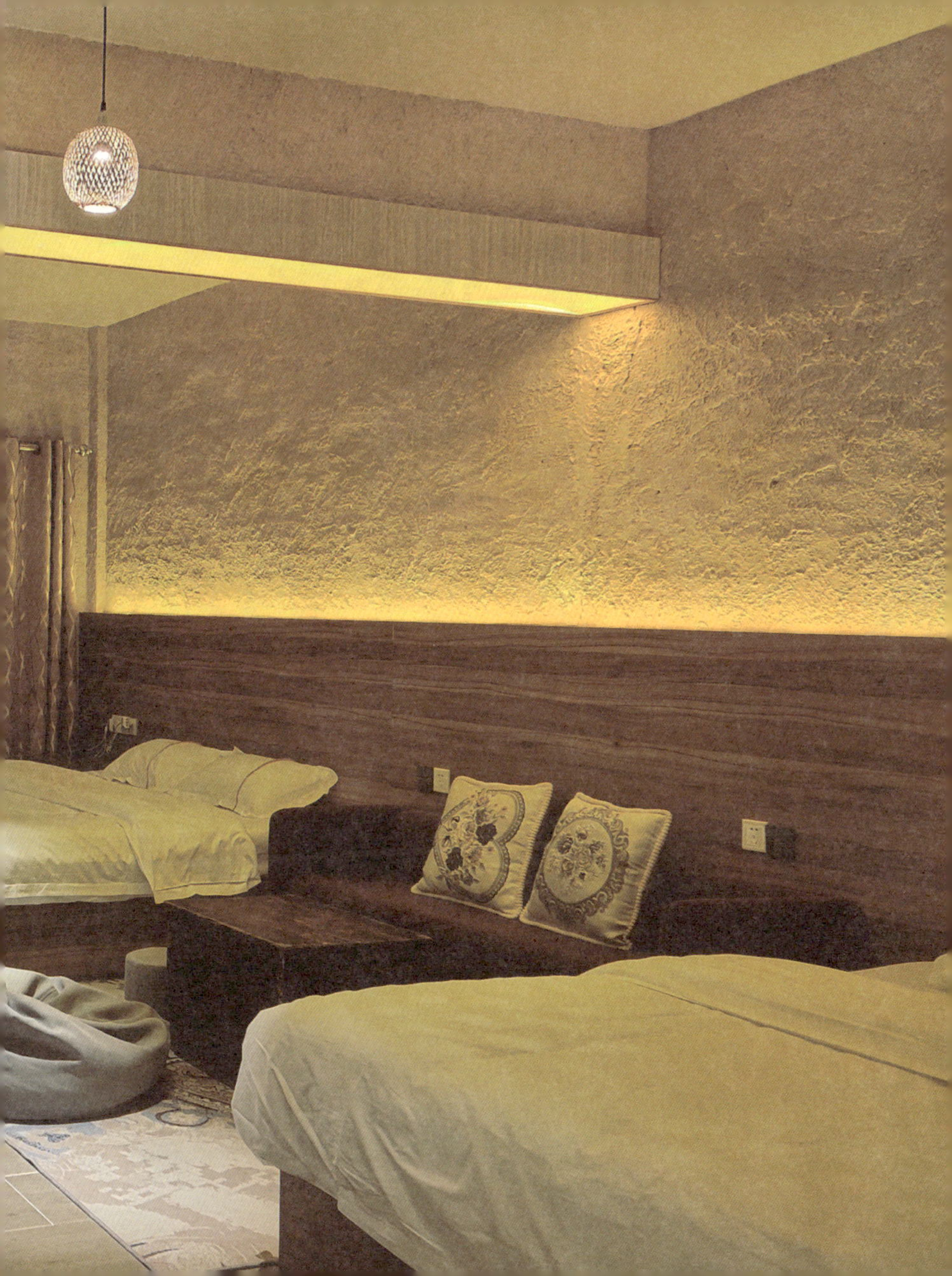

宿,更像是一家小型博物馆,在这里可以看到很多地方特色的旧物件。"……

在一楼展厅,不知不觉就能消磨一个下午的时光。摩挲着墙上的旧算盘,角落里吹稻谷的木风车,玻璃展柜里静静躺着的地契、信件,总有一件能勾起你过去的回忆。

10 年从 5 间房发展至 52 间

2007年,开平碉楼与村落成功申报世界文化遗产后,来开平的游客与日俱增,彼时还在广州从事建筑工作的张小明看到商机,回到开平当了一名出租车司机。张小明在和出租车乘客的聊天中,发现开平碉楼附近还没有什么民宿,于是决定创业做民宿。

2010年5月,张小明花4万元租下赤坎的一栋废弃楼装修成5间房的

民宿，价格便宜，一个床位50元，"金山房"两床280元。

后来，赤坎华侨古镇进行改造。2018年，张小明从赤坎镇搬离后，一眼便相中了塘口旧墟的几栋旧建筑，当即决定将民宿迁至此处。2019年1月，张小明将"碉民部落"搬迁至塘口镇，增加了"媒婆街"品牌，总共20多间房，价格从几十元一个床位升级到几百元的特色独立房间。

碉民部落住宿条件和环境与10年前相比有了明显的改善。这也反映了这些年游客的变化。"以前流行穷游，但是2017年左右，自驾游多了起来，游客也更懂得享受。"张小明说，因此在房间的布局和设计上，也更加用心，除了基本设施，还要体现出特色。

给游客提供的服务也别出心裁、推陈出新，有司机导游、美食推荐制作、写生基地、运动自行车，还新增了文化项目陶艺馆等，农家

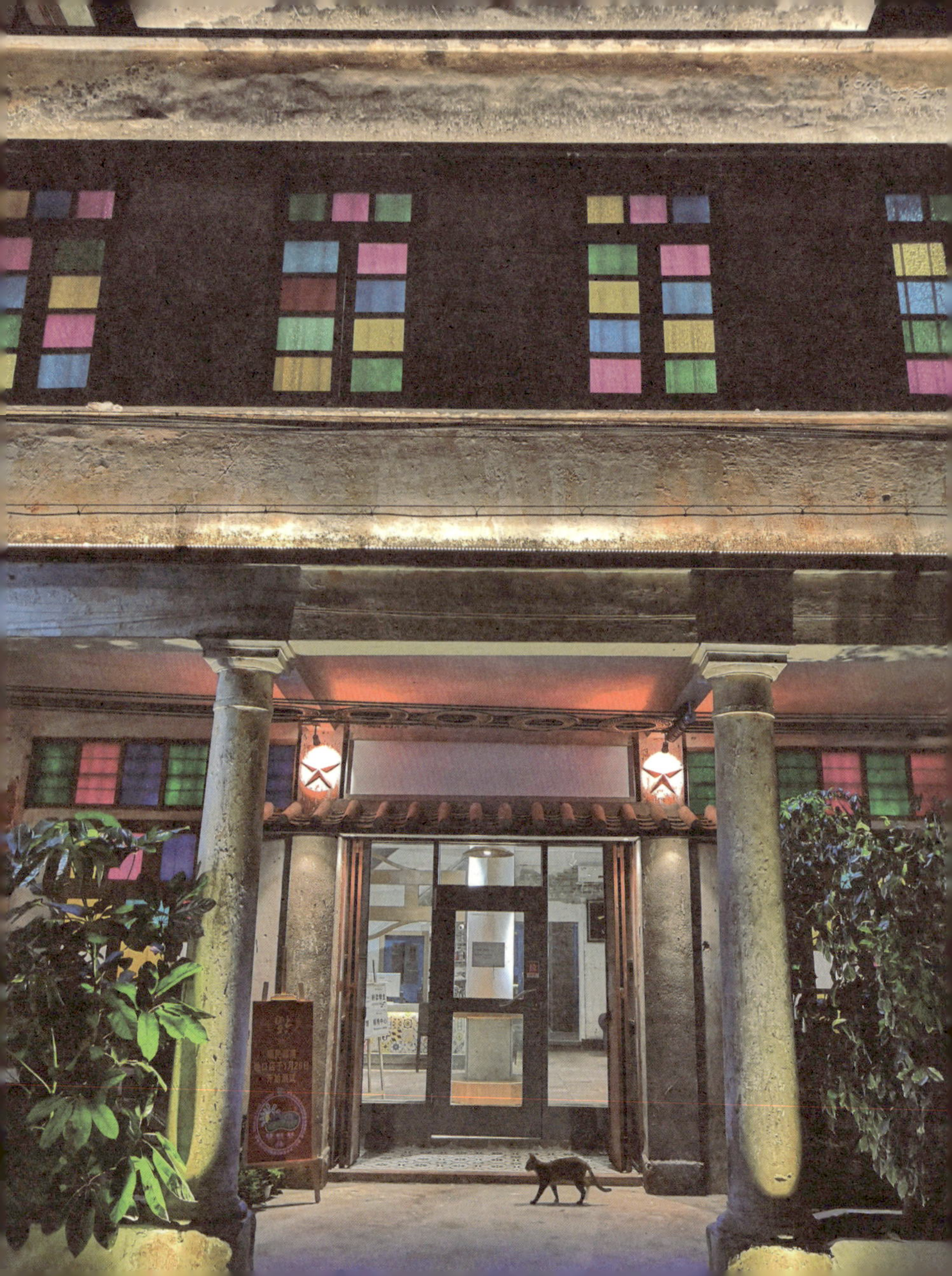

厨房则按时令准备当地新鲜食材,为旅客们用心烹制当地美食,还经常组织旅客共同制作当地美食"开平糍艺",让游客真正融入当地。张小明经常以交朋友的形式和旅客互动交流,当起向导带着旅客们走进开平美丽乡村的田间地头,骑着自行车穿梭在村头巷尾,寻觅古村与碉楼,给旅客们讲述当地的历史人文故事和风俗文化。

翁丹萍

碉民部落民宿

营业执照名称	开平市碉民乡村旅游发展有限公司(碉民部落民宿)
地址	开平市塘口镇塘口街55号
预订电话	0750-2616222
房间数	14
床位数	52
民宿登记证号	JMKP003

微信扫一扫
获取碉民部落民宿最新资讯

赤水红楼

百年红楼蝶变重生
乡村度假酒店助力乡村振兴

赤水红楼民宿

百年红楼蝶变重生,乡村度假酒店助力乡村振兴

- - - - -

　　百年红楼绿瓦红墙,竹林绿树亭亭如盖,连片稻田稻浪翻滚,日暮黄昏,游客从陌上缓缓而归,赤水红楼民宿就是置身在这样一幅美丽的田园画卷中。赤水红楼不仅有美丽的景色,还配备了洗水池、茶室、私厨、花园等服务设施,并为游客精心梳理线路攻略、旅游攻略、美食攻略,游客入住赤水红楼,可以享受贴心的全套服务。

红楼蝶变重生，亭亭玉立翠竹林

  沿着弯弯曲曲的小路，穿过一片竹林，就看见有两幢百年红楼静静矗立在绿水青山的开平市赤水镇旗尾旗胜里。红楼的大院占地面积约1200平方米，其中每幢建筑面积约360平方米。两幢相同的三层红砖绿瓦楼房，楼高约12米，楼间距约6米，1933年建造时，工程师参考了广州东山洋楼样式进行设计。

  红楼外观为红砖绿瓦，内部为钢筋混凝土结构，平地拔起。赤水红楼的外墙是加厚的红砖墙体，分内外两层，厚度达40厘米。外层红砖以装饰为主，在施工过程中，每块红砖都经过砍磨，然后砌出各种图案。内层主要以钢筋混凝土结构灌注，起主要保护作用。而门窗以铁板制成，极具防御功能。其中趟门的设计非常巧妙，利用了内外红砖层的缝做暗拉轨，安全且美观。

红楼首层为四房两厅，简洁大气且区间分明；第二层与首层大致相同；第三层为两房两厅；顶部有阁楼，以前还有储水池，解决全楼的用水问题，屋顶铺设绿色琉璃瓦；一条主梁贯通全屋，极具古朴典雅的艺术气息。

红楼大门前有一对红砖打造的大花瓶，大门入口为罗马柱式门廊，巍峨大方，柱子上方雕刻着不少精美的西式浮雕，古典而秀气。

赤水红楼院子里有一个水池，院前坐拥一片湿地，左侧是一片苍翠的竹林，右侧则为连片的稻田，远望有连绵山峦，眼前泳池波光粼粼，可谓山清水秀，风景宜人。

红楼与一条长约9公里的田园骑行绿道相连，沿途美景无限，小桥流水，鸟语花香，四季如画。

不得不提的是，"红楼"是开平有名的建筑物，拥有丰富的历史故事，背后积淀了丰富的历史人文，让这两栋建筑更添时代和文化的厚重感。两座红楼是由开平赴海外谋生的两位华侨建造，按照家庭生活习惯，东座红楼内为中式风格，西座红楼内则为西式风格。

红楼与开平著名旅游景点马降龙碉楼群、锦江里碉楼景区、蚬冈联登古村相邻。红楼周边是著名的华侨文化之地，是我国第一位万吨巨轮的设计者、第一位小提琴制造家跟演奏家司徒梦岩的故乡，香港

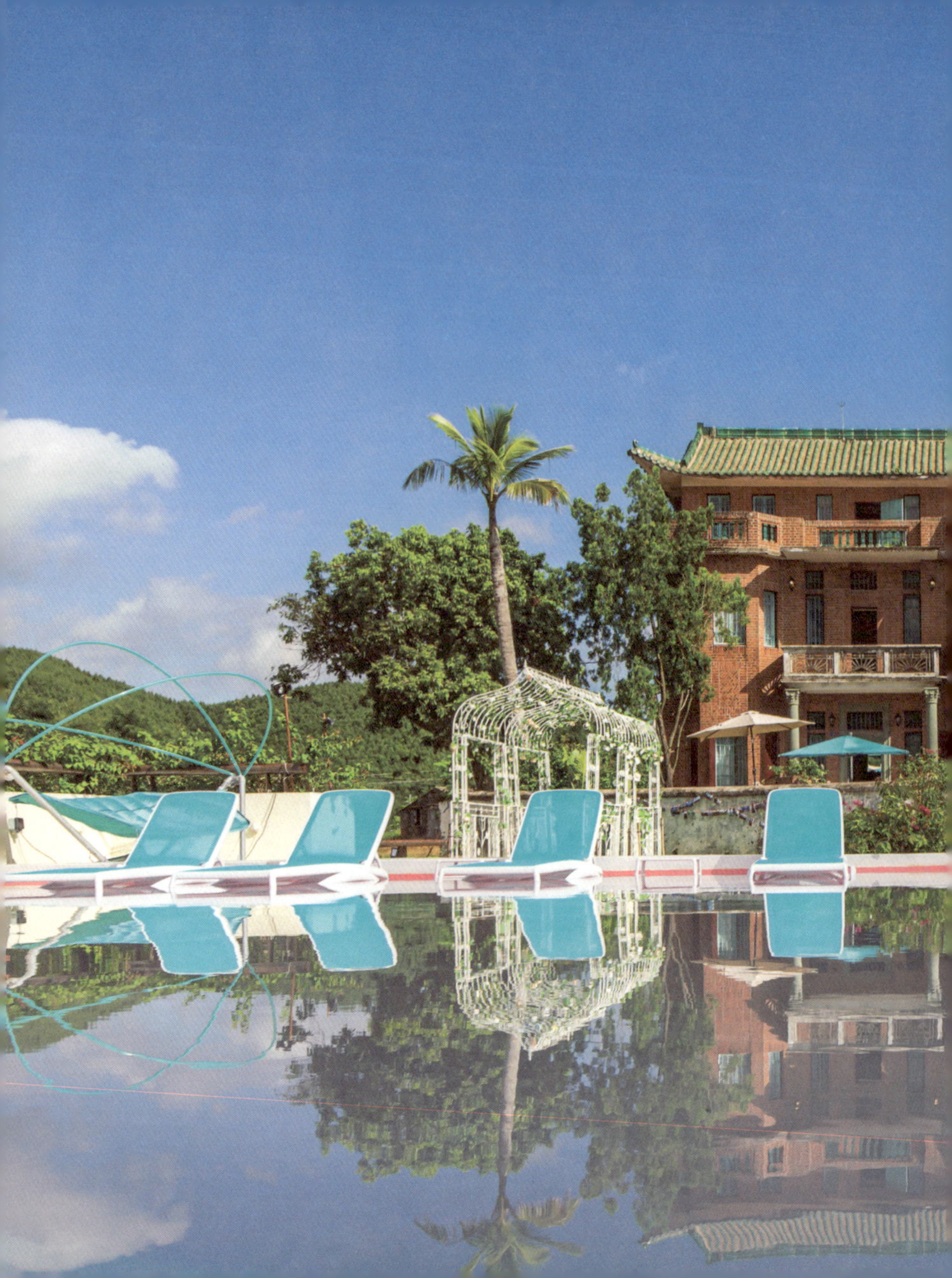

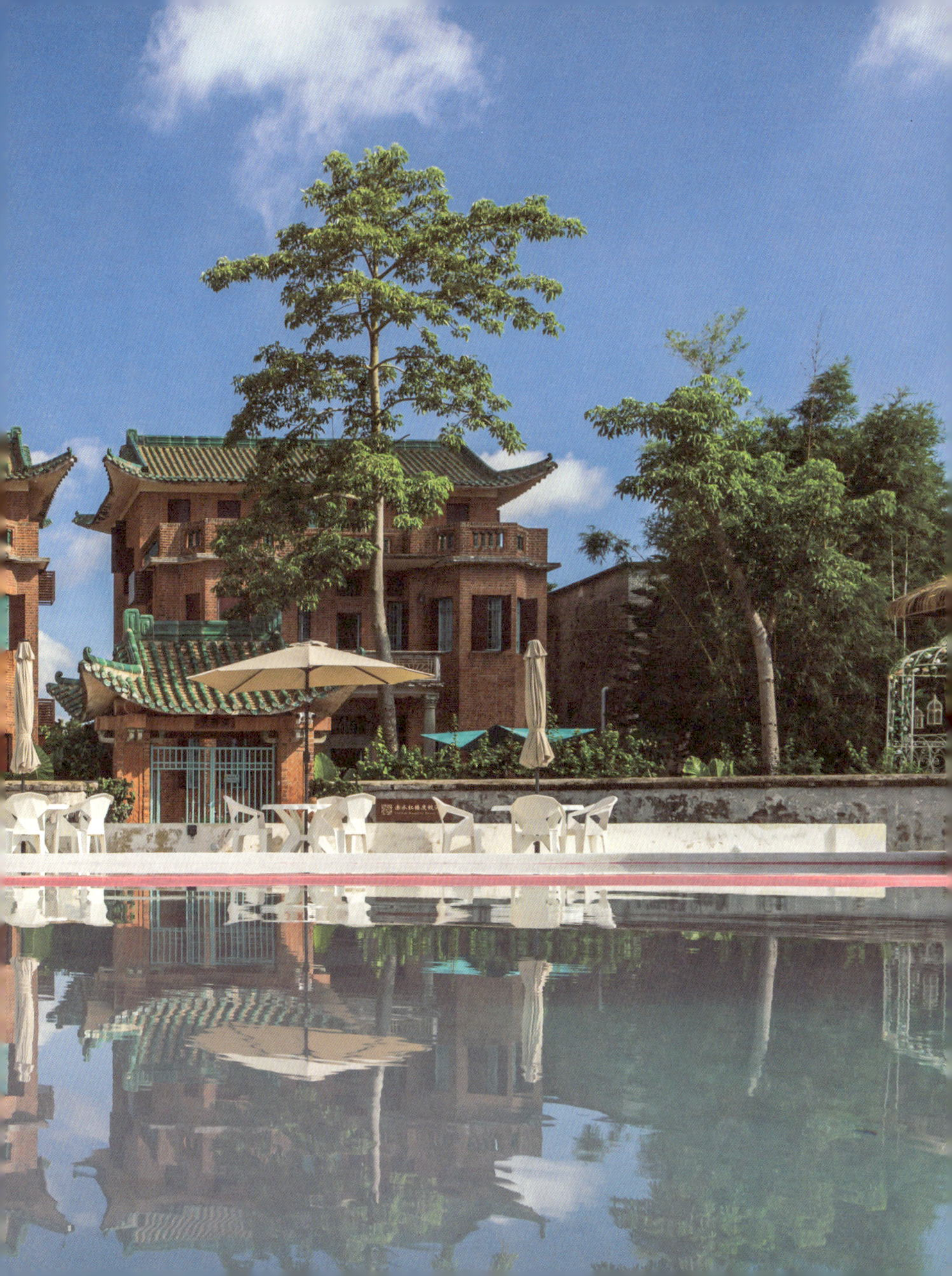

著名财政金融家、恒生银行董事长、教育家、世界经济著名人士利国伟的故乡，香港黄道益活络油创造者、知名中医师和慈善家黄道益的故乡。

赤水镇首个乡村民宿项目

2019年6月，尘封几十载的红楼邂逅有心人，红楼大门轰然打开，华瀚文旅公司投资近千万元对红楼进行升级改造，开启蝶变重生之旅，焕发新生机。2020年7月，红楼正式营业，迎来一大批客人，这是开平市赤水镇第一个乡村民宿项目，为开平全域旅游助力乡村振兴提供更多实践样本。

赤水红楼的有关负责人表示，在完整保留旧村落原有风貌的基础上，投资方秉承"以旧修旧"原则对红楼进行修葺改造，同时对整个村落的大环境进行改造升级。例如，在保留百年红楼的建筑原貌的基础上，搭配旧时装修风格，融入"生态网红"概念，在室内空间改造上，最大可能还原"红楼"原有风貌，打造特色度假体验。

同时，区别于自力村、立园景区，红楼打造外观古色古香、内部新颖时尚的居住式体验民宿，在红楼院墙外面利用原来的池塘设计"网红元素"，扩大户外空间，修整户外湿地，并辅以生态游泳池、生态野趣绿道等一系列配套，形成一个完整的生态闭环，打造新的生活场景，呈现更丰富的形态，让沉睡的"红楼"焕发新活力，吸引更多城市人回到乡村共建。

红楼在改造过程中，最大限度保留了原有的民国典雅风格，并按轻奢酒店配套：定制零压床垫，亲肤纯棉布草，保证优质睡眠；提供优质一次性拖鞋、牙具等，卫生安心；配有电暖烘干毛巾架，方便烘干毛巾与湿衣服，贴心入微。红楼主人重视每一位客人，一草一木，一事一物，皆匠心之作，这代表专业设计师的执着与严谨。红楼不仅有独特的底蕴，更有来自设计师们岁月沉淀的贴心！只有住过，才能理解红楼的情调与舒适。红楼的美是独特的，有质感的，不但配有游泳池、儿童戏水池，还免费提供旗袍给旅客拍照；更有花园早餐、自行车、电动车等野趣骑行，令旅客尽情享受田园风光。红楼私厨还根据当季食材为旅客精心烹制地方特色美食，如农家秘制豉油鸡、开平特色小吃"豆腐角"、支竹狗仔鹅、五味马冈鹅、咸香走地鸡等。

据介绍，"红楼"度假酒店项目的启动得益于赤水镇乡村旅游、全域旅游的蓬勃兴盛。这里的美丽嬗变，更离不开当地政府的保驾护航。赤水镇积极推动该项目的示范带动作用，串联辖区沙洲村和羊路

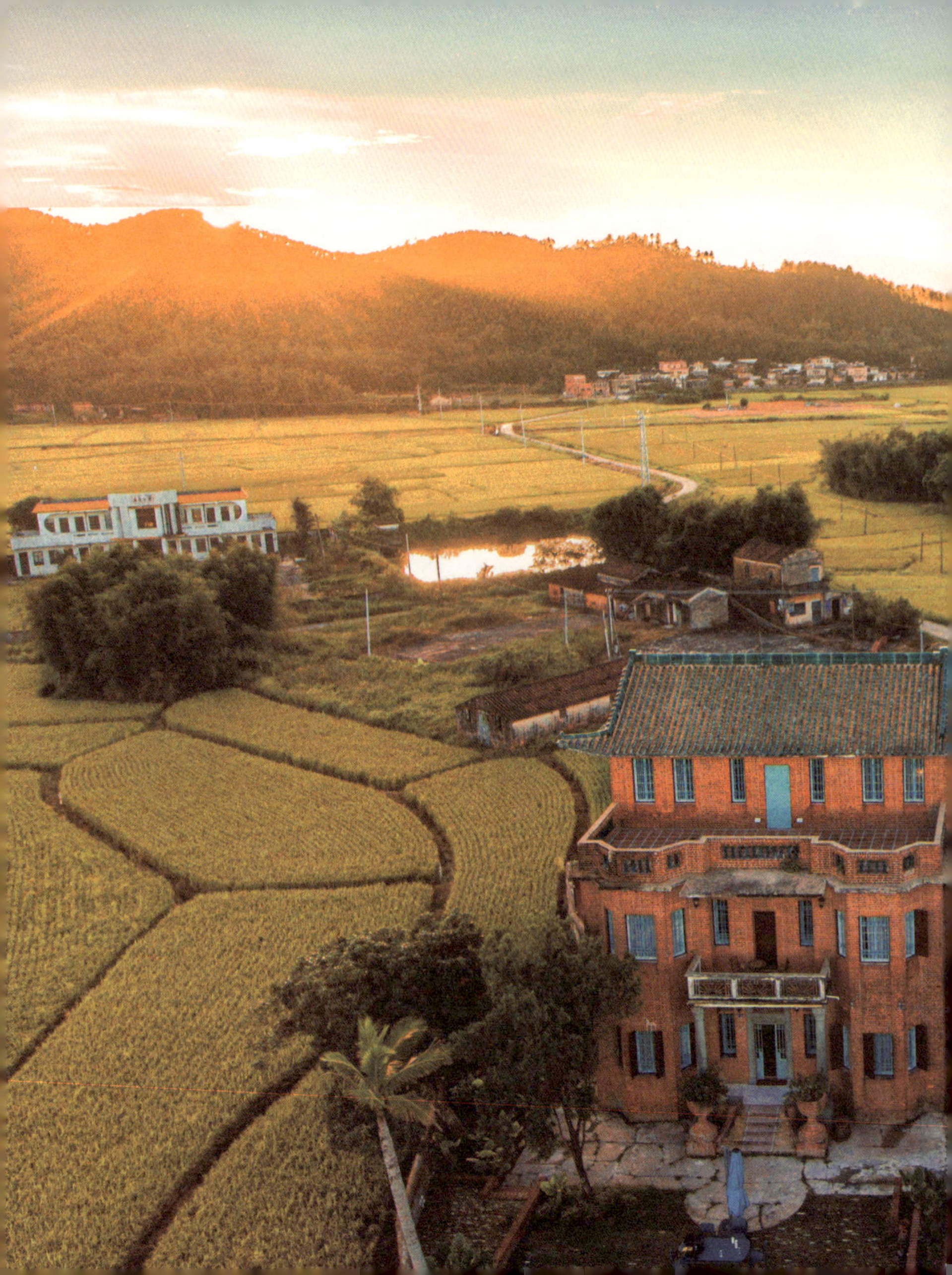

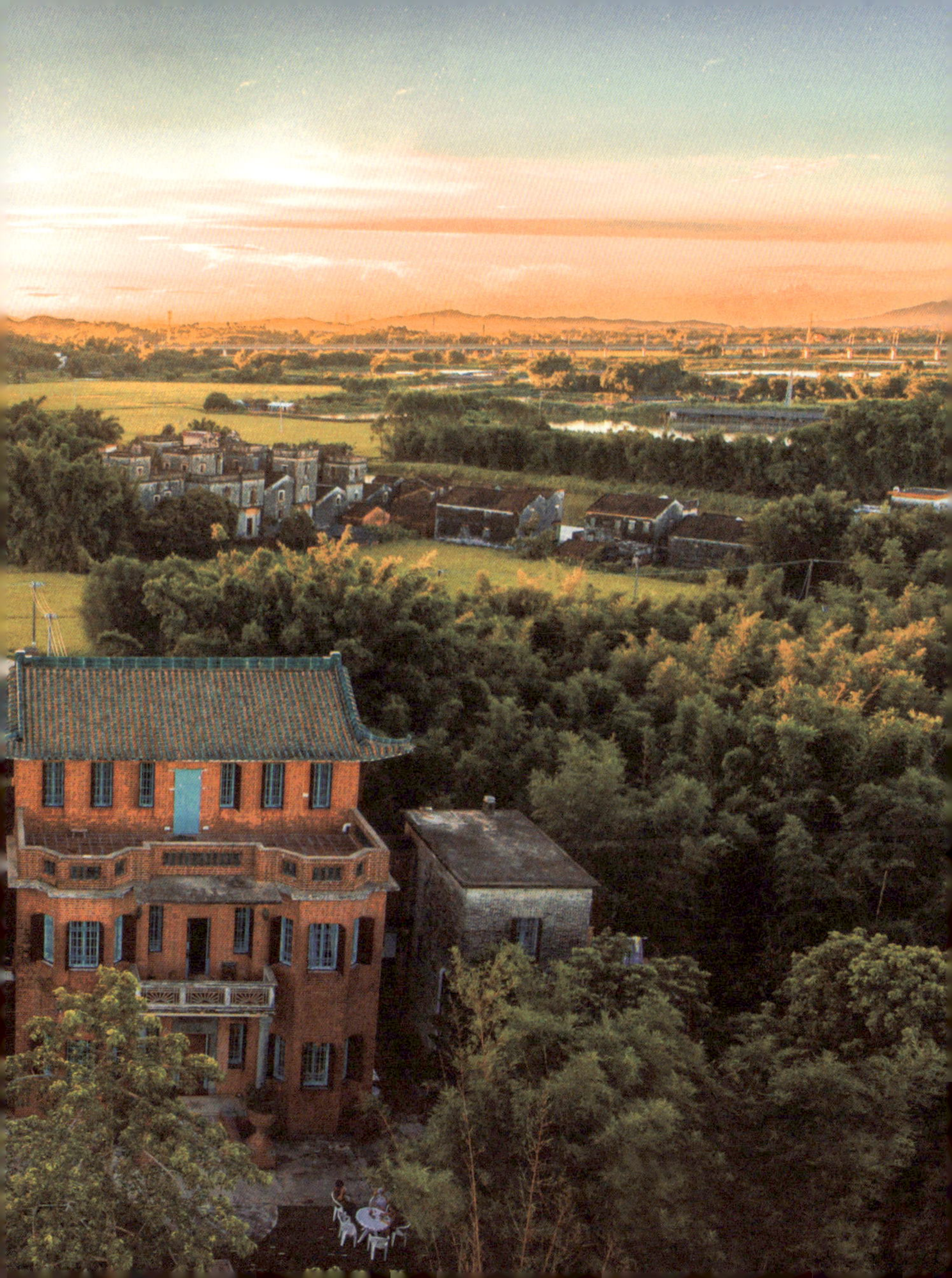

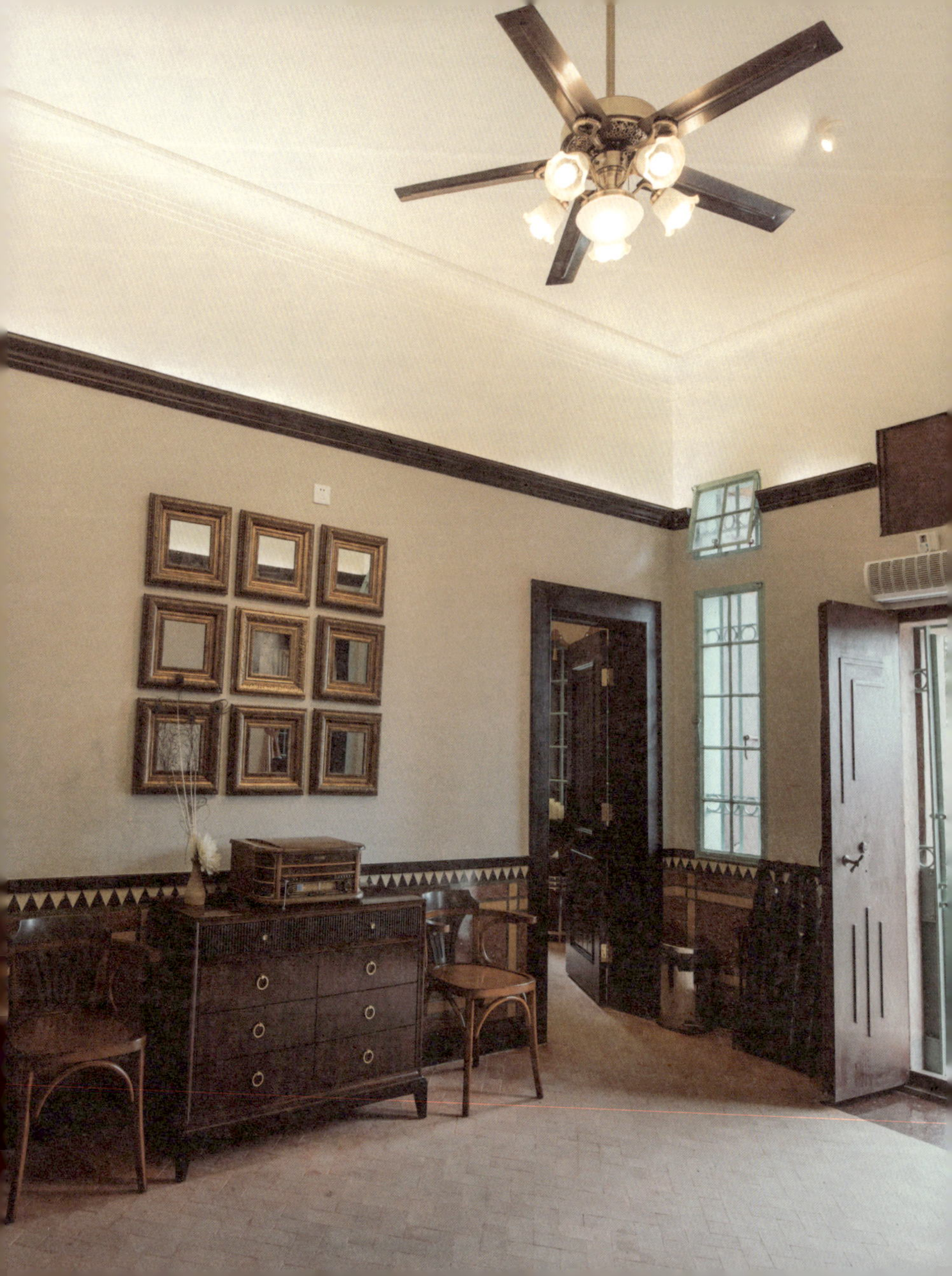

村的特色农业生态文化旅游资源，打造集民宿、骑行、竹林、稻田、湿地、碧道于一体的精品旅游线路，发展休闲、娱乐、体验一体化的旅游新业态，有效撬动农村经济发展新的增长点。

翁丹萍

赤水红楼民宿

营业执照名称	开平市红楼酒店有限公司
地址	开平市赤水镇旗胜村 2 号
预订电话	18923358749
房间数	14
床位数	25
民宿登记证号	JMKP006

微信扫一扫
获取赤水红楼民宿最新资讯

打卡

关键字：**民国风格、乡村田野、骑行**

周边景点推荐：**锦江里碉楼群**（距离13公里）

锦江里碉楼群

　　位于开平市蚬冈镇，是世界文化遗产提名地之一。村落中的瑞石楼建于1923年，是在香港经营钱庄和药材生意致富的黄璧秀耗资3万多港元，为保护家乡亲人的生命财产安全所建。瑞石楼高9层，占地92平方米，钢筋混凝土结构，非常牢固，是中西建筑风格完好结合的典型，也是开平现存最高、最美的碉楼，故有"开平第一楼"美称。瑞石楼整体造型带着浓厚的西方建筑风格，包括古罗马的拱券、爱奥立克风格的柱廊、巴洛克风格的山花等，立面上运用西洋式窗楣线脚、柱廊造型，大量的灰塑图案中，融入了中国传统的福、禄、喜、寿等内容，在西洋的外表下蕴含着浓郁的传统文化气息。"瑞石楼"三字刚劲隽秀。内部的布置、用具则是岭南传统的样式，门窗上都是雕龙附凤，有"富贵吉祥"、"延年益寿"等中国传统的祝福字眼，充分体现中西合璧的华侨文化内涵。

此间·国际研学空间

古韵新生在"此间",
文化民宿促交流

● ● ● ● ●

　　此间·国际研学空间背靠侨乡旧墟,面朝乡野碉楼,秋色醉人,风光旖旎。入宿乡间,追求的是舒适与惬意,此间·国际研学空间将古色古香和流行元素结合得刚刚好,让整个民宿既古朴又清新,古旧的建筑配上自然轻奢的家具、智能电器设备、品质生活用品,从客房设计到配套小物品,处处是巧思,让游客享受舒适新颖的乡间住宿体验。

古韵新生在「此间」
文化民宿促交流

此间

此間·國際研學公寓
The ONE International R&D Workspace

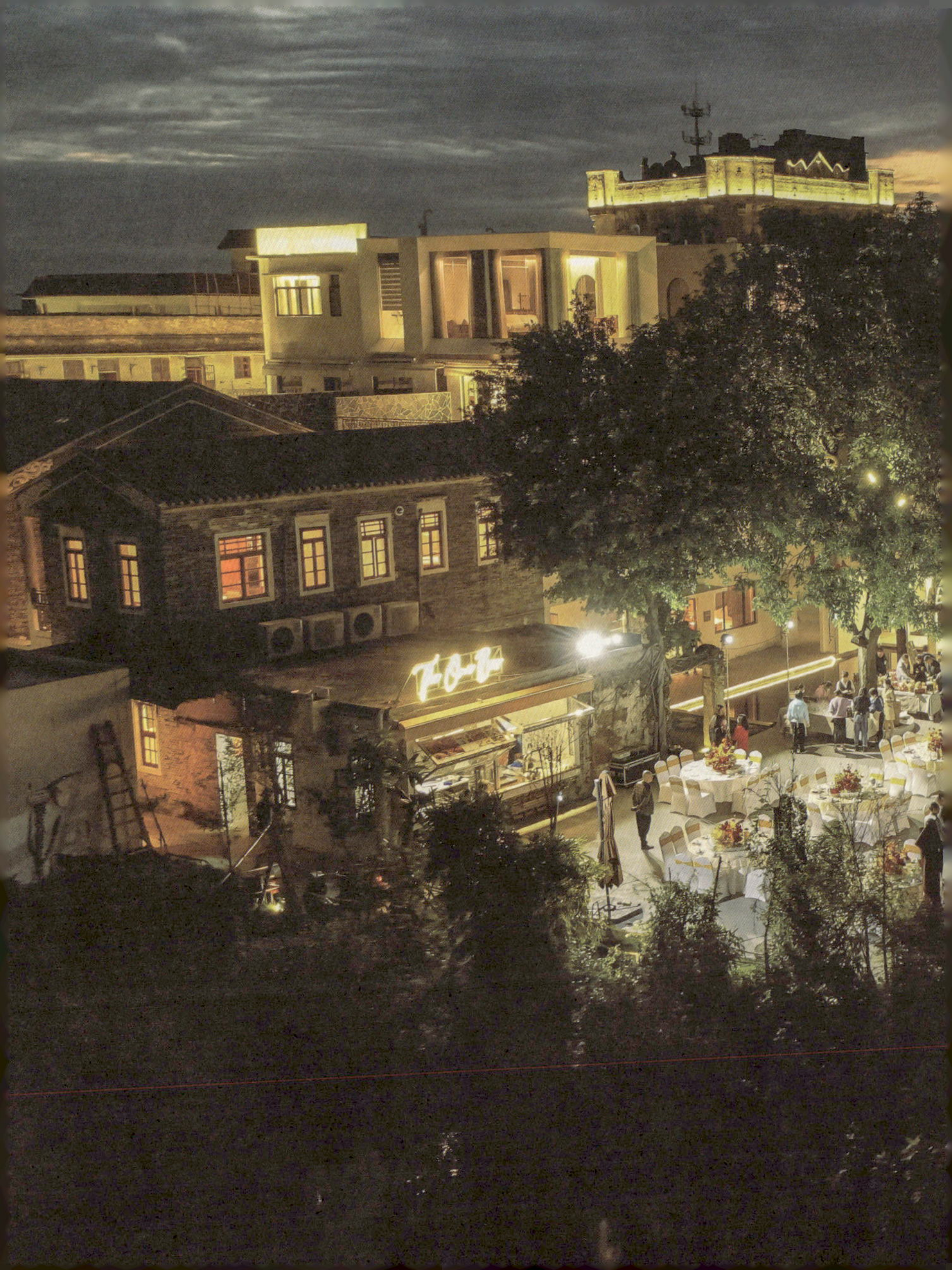

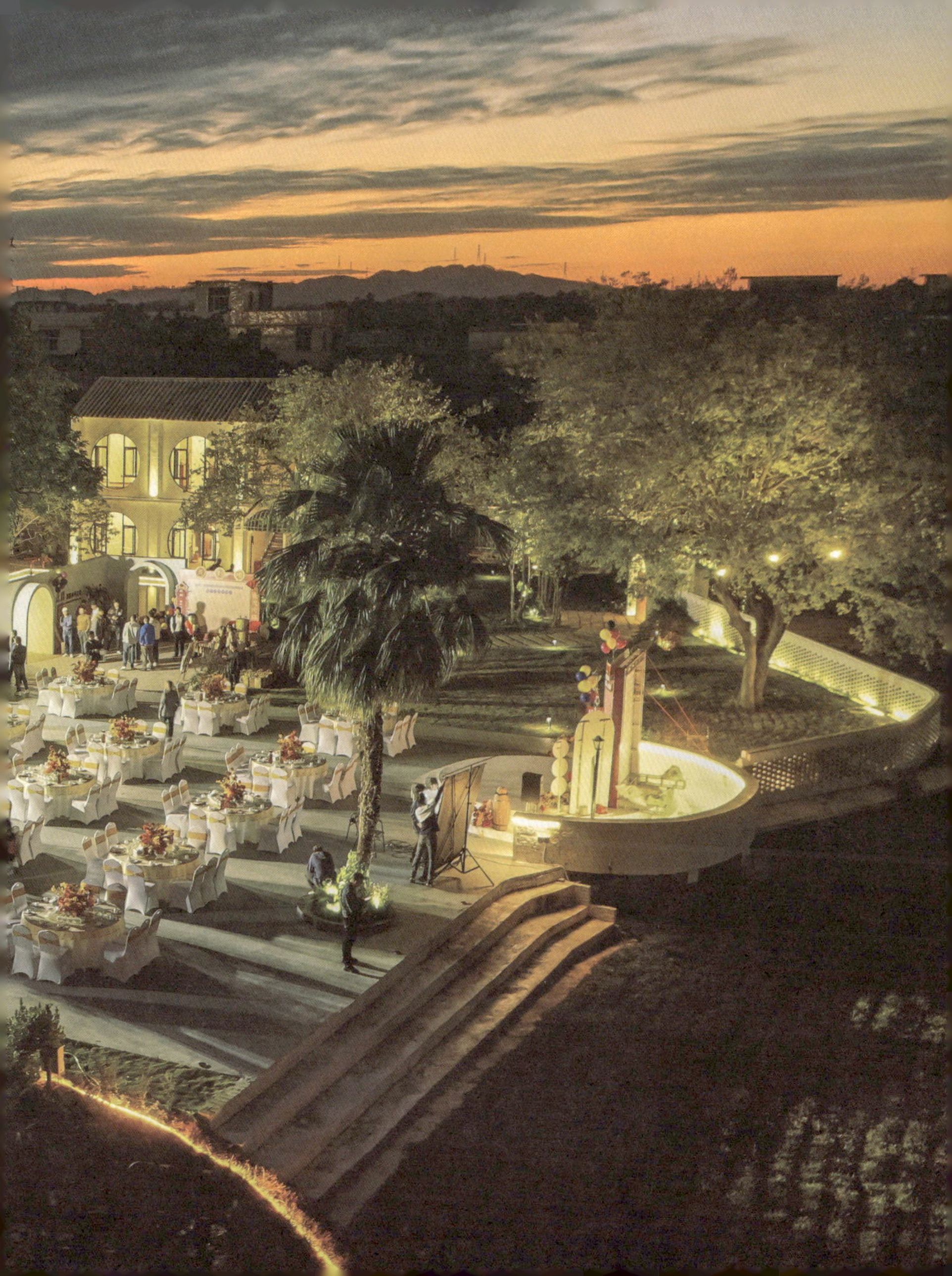

侨乡品质民宿，古朴与时尚相融

  此间·国际研学空间坐落于开平市塘口镇旧墟，与国家5A级景区——自力村碉楼与村落、美丽乡村强亚村等景点相邻，周边有江门市乡村振兴培训中心、旧礼堂咖啡馆和图书馆、开平市"两山"展示馆、古宅月刊社等，地理位置优越，交通方便，文旅资源丰富，周边配套完善。

  背靠侨乡旧墟，面向乡野碉楼，平台赏山水，顶楼观日月，多样式的房型，能够多角度地领略侨乡之景；浮云迎楼中，得意到此间，碉楼文化与西方风格结合，便是此间·国际研学空间的特色之处。

历经百年的碉楼，经过修缮与改造，正在焕发新的活力。2021年9月，此间·国际研学空间开始试营业。

此间·国际研学空间的建筑前身是建于1935年的乡镇政府旧址、旧粮站、阅书报社（《古宅月刊》旧社址）等闲置旧建筑。此间·国际研学空间以侨乡文化为内核进行活化，保留了楼房的基本框架，只进行里面及外墙的改造。将古建筑改建成民宿，既符合当前市场的前景，更是一种侨乡文化的传承。

民宿是由咖啡厅、客户接待中心和客房组成的。民宿内部的每一层客房的名字，皆从1833座开平碉楼之中摘选而来，根据"一层静观陶然，二层山川湖海，三层云卷云舒，四层日月星辰"的规律进行命名。一楼的客房名为"静观""陶然"，二楼的客房名为"丽波、荣植、沃泉、古溪"，三楼的客房则名为"庆云、振云、翼云、耸云、耀云"，四楼的客房取名"华焕、月照、宾月、日光、日升"，侨乡致趣尽显。共计16间客房，房间干湿分离，智能马桶，一客一消毒，给客户最完美的入住体验，在田园风光里，享受生活，感受生活。

民宿还有可供免费使用的会议空间、管家服务和旅途指引服务等，让旅客享受生活，感受生活，感受大自然的馈赠，赏尽此间·国际研学空间美景，感受侨乡田园的无限魅力，来一场心灵的洗涤之旅。

住宿之外，少不得吃喝玩乐的治愈，为此，此间·国际研学空间配套侨乡风味餐厅波仕堂、水吧等餐饮空间，还有粮站·民国复古

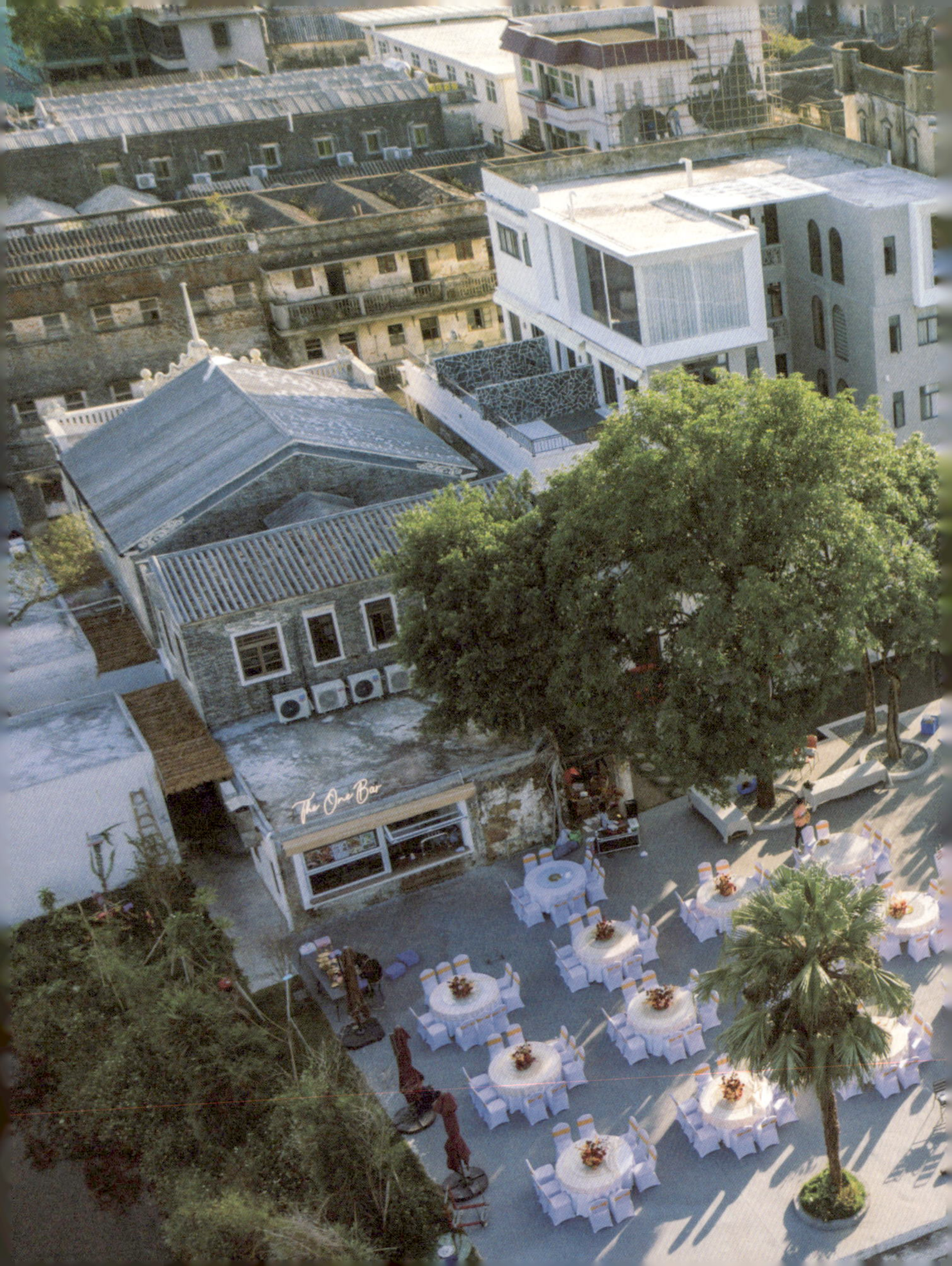
The One Bar

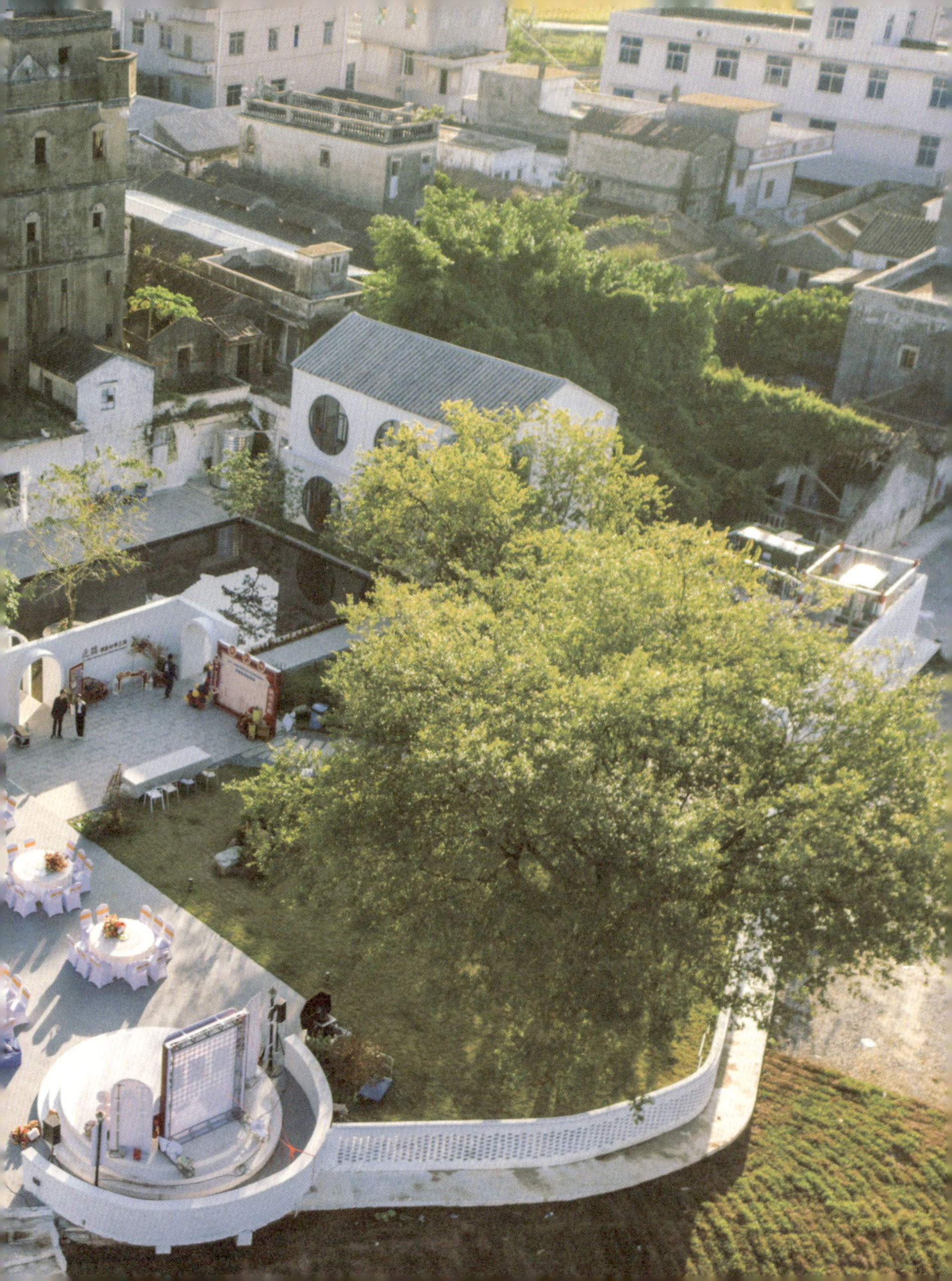

空间、此间学堂和阅书报社等文化交流空间，户外配备户外庭院、露营草坪、时光隧道、历史巷道、树根拱门、许愿树等，让民宿景观变得十分美丽雅致，拍照非常出片，因此一开张就成为当地迅速走红的"网红打卡点"。

闲庭信步，走进旧粮站改造而成的房屋，历史的厚重感扑面而来。屋内保留了原本建筑的面貌，与现代化的建筑相辉映。穿过历史巷道和时光隧道，就来到户外庭院，青青草坪格外清新，院中古树随风摇曳，回头可见民宿与水中倒影相辉映，民宿也成为一个亮丽景点。独处时刻，静坐在房间的落地窗前，品味历史变迁；户外有着广袤的草地和稻田，透过玻璃窗，可眺望远方，心旷神怡。

此间·国际研学空间很好保留了侨乡文化的底蕴和特点，又融入当代年轻人喜爱的元素，古朴和时尚感在这个民宿身上包容并兼，成就一个侨乡特色的时尚民宿。

打造文化交流基地，讲述侨乡故事

屹立在侨乡旧墟的古老建筑，在向人们无声地诉说着历史的变迁。在此间·国际研学空间，它们不再是无声地诉说，而是焕发新生机与新活力——历史建筑融合现代流行元素，改造成适合新时代发展的全新面貌，向世人讲述过去的故事，憧憬美好的未来。此间·国际研学空间就这样屹立在侨乡的旧墟上、田野中，独具情调。

此间·国际研学空间是广东省首批省级驿道乡村酒店之一。该民宿依托世界文化遗产——开平碉楼与村落，以及塘口文化旅游资源，通过活化碉楼、旧粮站、古宅月刊社旧址等独具侨乡特色的历史建筑，注入主题研学、文化展示、自然体验、特色民宿、侨乡餐饮、休闲商业等多项新功能，致力于打造国际研学旅游主题空间、中国侨乡文化展示平台与粤港澳大湾区青年文化交流基地。

负责人许小姐介绍，此间·国际研学空间靠近赤坎华侨古镇及世界文化遗产——开平碉楼与村落，因此打造国际研学旅游主题空间、中国侨乡文化展示平台与粤港澳大湾区青年文化交流基地有得天独厚的优势与资源。同时，近年来随着塘口镇乡村振兴的深入推进，游人络绎不绝，塘口旧墟又重新热闹了起来，成长为一个冉冉上升的旅游胜

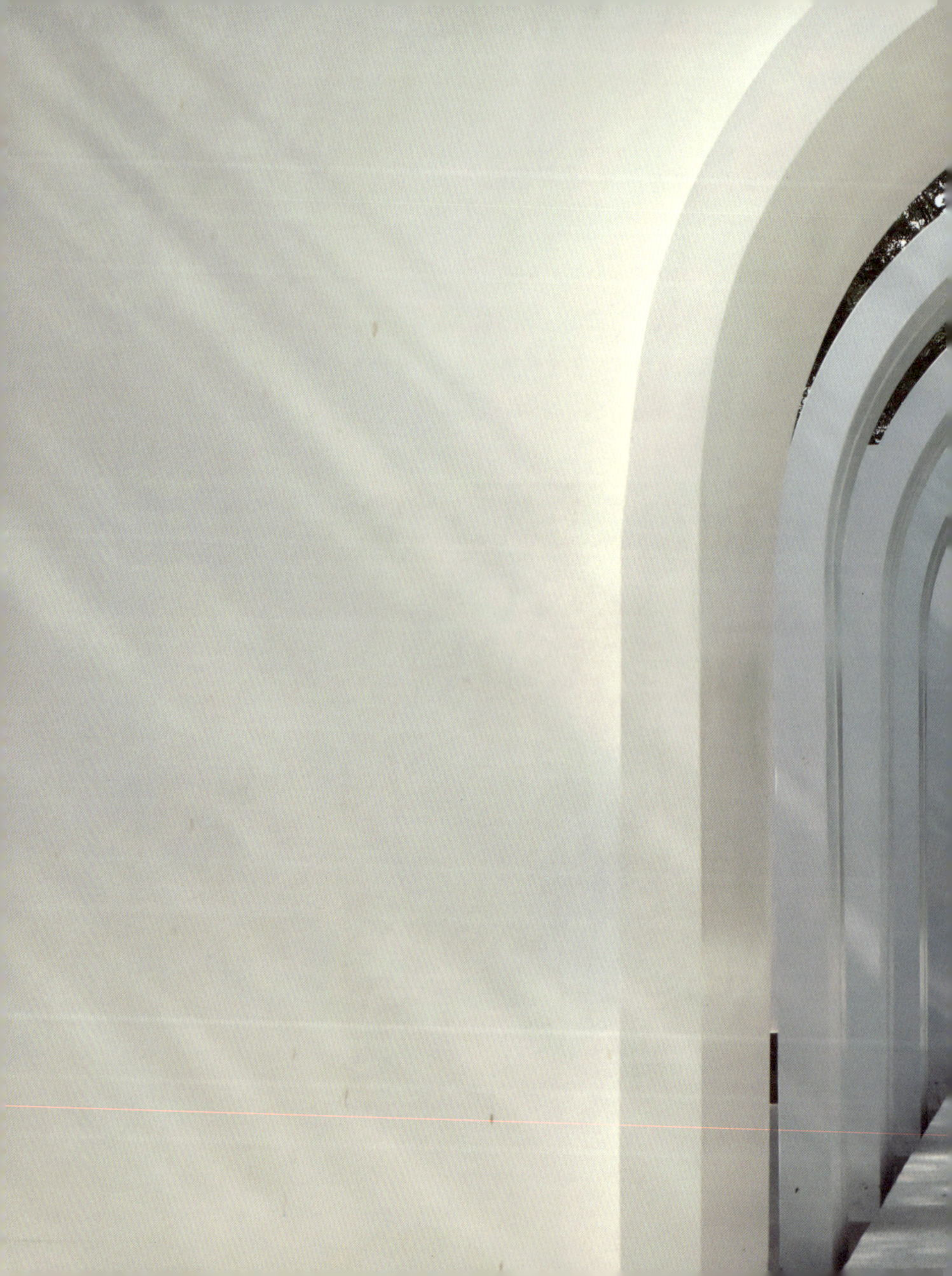

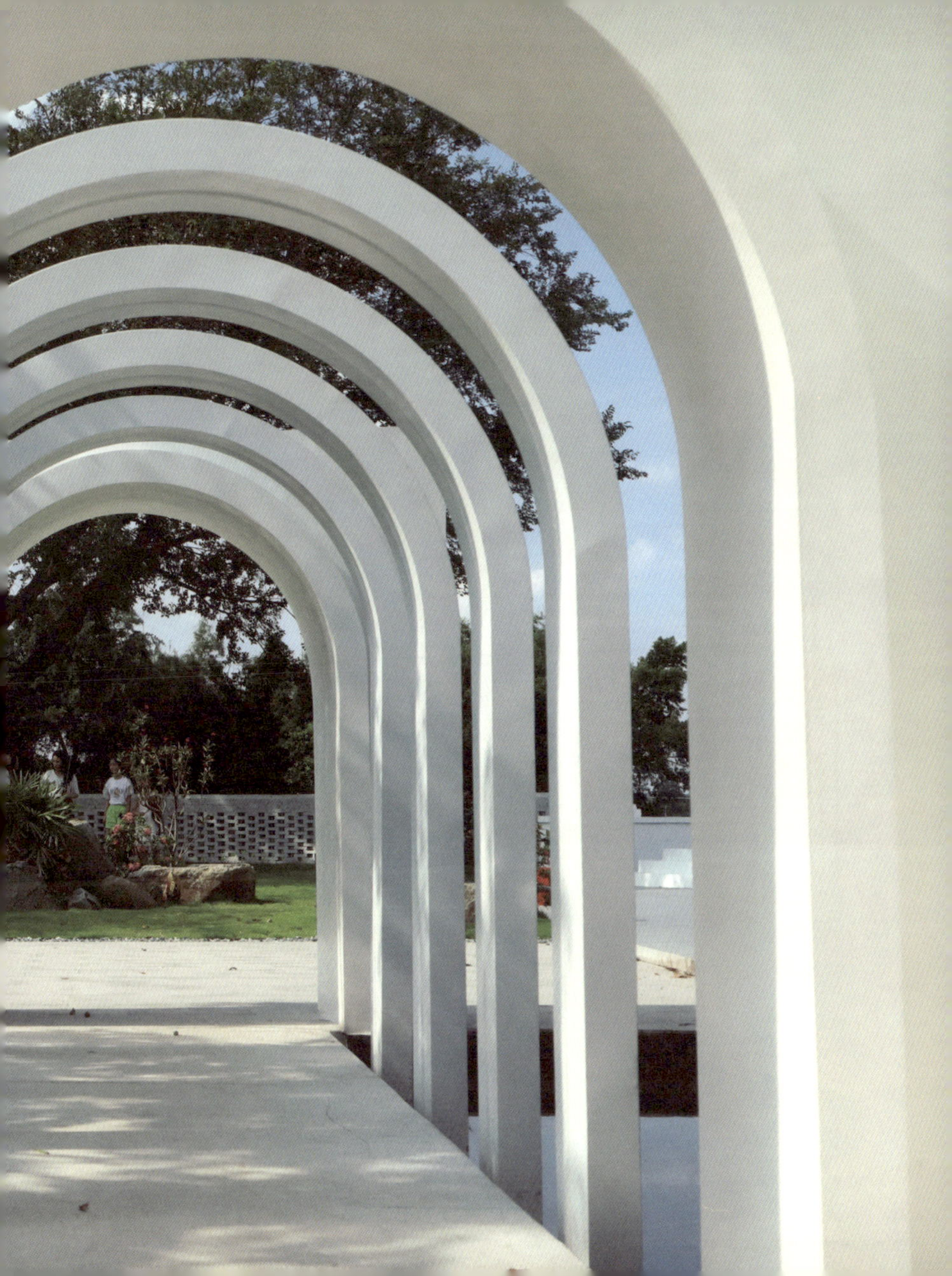

地。此间·国际研学空间对这些资源进行活化,对外展示,也将为塘口乃至开平的全域旅游发展贡献一份力量。

此间·国际研学空间项目投资总额为3200万元,建筑总占地面积约3000平方米,建筑面积约2800平方米,农田面积超9000平方米。许小姐表示,民宿的农田比较大,用途很多,他们曾推出时下流行的星空露营活动等。此外，民宿适时推出客房"商拍"套餐、户外婚礼、户外音乐节等，也在规划"24时令节"活动，让更多的人参与其中。

生活无解，侨乡有趣，忙里偷闲来开平塘口旧墟看看田园风光，入住乡间民宿，寄情侨乡山水，重新找回生活乐趣吧。

翁丹萍

此间·国际研学空间

营业执照名称	广东此间旅游发展有限公司（此间·国际研学空间）
地址	开平市塘口镇塘口圩向东街2号
预订电话	18026771231
房间数	14
床位数	16
民宿登记证号	JMKP007

微信扫一扫
获取此间 国际研学空间最新资讯

关键字：**乡村旅游、咖啡、研学**

周边景点推荐：**开平碉楼文化旅游区自力村、立园**（距离1.5公里）
赤坎华侨古镇（距离5.5公里）

赤坎华侨古镇

  已有370年开埠历史，由上埠关族、下埠司徒氏在古镇东西两端聚居逐步发展而成，拥有600多座骑楼，组成了全国规模最大、界面最连续、保存最完整的侨乡骑楼建筑群，涌现出著名爱国侨领司徒美堂等一大批名人名家，于2007年被评为中国历史文化名镇。该项目是江门市建设华侨华人文化交流合作国家平台的重要载体之一，已列入广东省和江门市重点项目。项目一期通过对赤坎华侨古镇建筑进行保护与活化利用，延续古镇历史风貌，传承和弘扬华侨文化，努力把赤坎华侨古镇打造成集岭南文化、华侨文化、乡村文化、休闲文化于一体的展示平台，成为广东乃至全国有重大影响力的文旅新地标、全省文化产业赋能乡村振兴的重点项目和典型范例、传播中华传统文化的新载体。

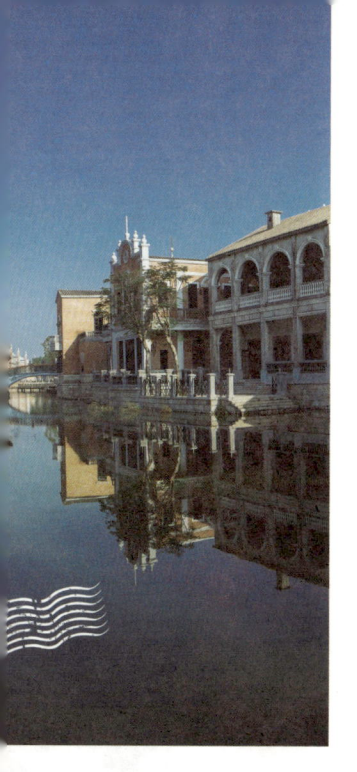

自力村碉楼群

位于开平市塘口镇，是世界文化遗产地之一。自力村，俗称黄泥岭，本有9条方姓的自然村，"土改"后期，三村合称自力村，取自食其力之意。自力村内现存15座风格各异、造型精美、内涵丰富的碉楼，是开平碉楼兴盛时期的杰出代表，与周边水塘、稻田相映成趣，形成一幅生动的农耕水墨画。自力村碉楼多建于二十世纪二三十年代，由当地侨胞为保护家乡亲人生命财产安全而兴建，并将中国传统乡村建筑文化与西方建筑文化巧妙地融为一体，充分体现近代中西文化在中国乡村的广泛交流，成为独特的世界建筑艺术景观。碉楼内仍保存着完整的生活设施、生产用具和日常生活用品，丰富而有趣，是近代华侨文化与生活的见证。

立园

位于开平塘口镇赓华村，是塘口镇旅美华侨谢立维立的私人园林。立园以人的名作为园名，有"立树立人"的含义。占地约19600平方米，从1926年动工，花10年时间建成，集传统园艺、西洋建筑、江南水乡特色于一体，是中国较为完整的中西结合的名园，在中国园林中独树一帜。立园的意境是小桥流水人家，园内布局巧妙，用人工河或围墙分隔成别墅区、大花园、小花园，又用桥亭或通天回廊连成一体，园中有园，景中有景，亭台楼榭，布局幽雅，独具匠心。

月和居

入住岭南韵味民宿
品尝侨乡美食

月和居民宿

入住岭南韵味民宿，
品尝侨乡美食

· · · · ·

　　南粤风情，亭台水榭，在开平市月山镇，有这样一间岭南韵味的特色民宿——月和居。走进民宿仿佛置身岭南园林，这里有鸟语花香、芳草萋萋的园林景色，有雕梁画柱、窗明几净的岭南建筑，还有侨乡佳肴美馔。入住月和居不仅能欣赏美不胜收的景色，还能享受到星级酒店服务，旅客住得舒心又安心。

岭南韵味民宿隐身绝美园林

月和居位于风光秀丽的开平市月山镇龙溪村内,耸立在273省道旁,从粤港澳大湾区大部分城市驱车一个半小时即可抵达这个宁静舒适的世外桃源。月和居距离世界文化遗产——开平碉楼村落群及开平知名的天然地热温泉群落也仅在20分钟车程之内。

开车经过273省道,一眼就能看到耸立路边的月和居和岭南真味组成的极具岭南韵味的建筑群和园林,十分惹眼。

走进民宿大门,迎面而来的是一面岭南建筑"锅耳墙",上面写着"月和居","锅耳墙"后面是一棵枝繁叶茂的古树。继续向前走就遇到一座景色秀丽的岭南园林，园林栽植了各类花草和景观树，长势喜人，郁郁葱葱，有石板小径蜿蜒而进，月和居就隐身在园林中，具有绝佳私密性。

穿过园林就来到了月和居，月和居临水而建，主体建筑以红色为主，红色的建筑外观和蓝天碧水、绿树红花相互映衬，相得益彰。民宿坐拥美丽的园林景致和醉人的田园风光，景色优美，生态良好。月和居的前台接待中心以玻璃墙为主，大面玻璃墙的运用让整个建筑显得轻盈通透，和环境融为一体，将满园春色放进了屋里。

月和居的整体建筑、内饰设计、园林造景和景观建筑，融入了岭南"锅耳墙"、开平碉楼、圆拱门等元素，处处体现出岭南建筑的传统韵味，而大面积的玻璃窗、玻璃墙让这份传统韵味也有更多现代色彩，让民宿兼具传统韵味又不失时尚感。

开平首家持证上岗民宿

2020年8月，月和居成为开平市首家持正式民宿牌照运营的民宿。据介绍，月和居投资人区又生先生建设月和居的初衷是建设家乡，其生于斯，长于斯，希望能为家乡发展献一份力，同时他也是看到了开平乡村旅游的发展潜力，并且看到了开平作为侨乡，侨胞返乡住宿的需求比较大，于是返乡投资发展。

月和居致力于打造成为集休闲度假、美食娱乐、民俗文化于一体的特色美丽乡村景点。建成后，更因为其从摆设到装修的用料都十分

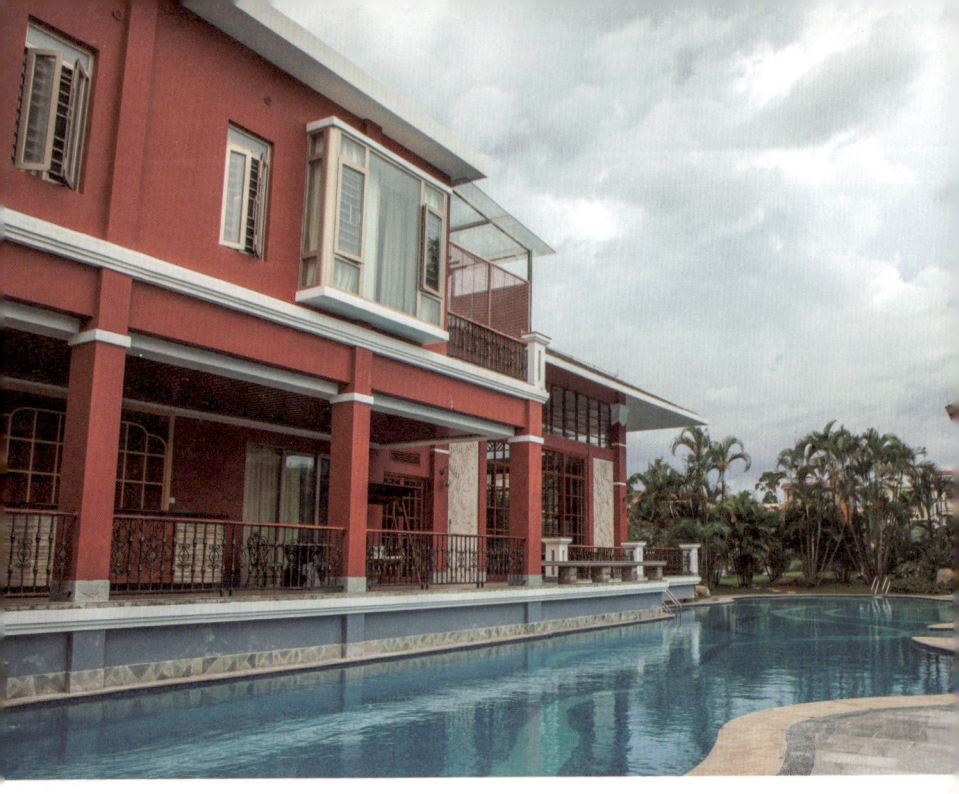

关键字：**岭南韵味、粤菜师傅**

周边推荐景点：**香草地**（距离20公里）

香草地

  位于广东省鹤山市宅梧镇东南方向，依山傍水，生态环境优越，交通便利。园区总占地面积近700亩，其中建筑面积约为16000多平方米，主要包含六大区及五大馆。是广东江门首家以种植香草为主题，集香草育苗、种植、食用、农旅观光、婚纱摄影、科普教育于一体的研学营地。

精致和讲究，以及古韵古味的岭南园林风格迅速走红，成为开平市的"网红民宿"。

去过月和居游玩的游客都说，想不到在乡村里还隐藏着这样一间岭南风格的高品质民宿。

月和居有套间、大床房、双床房可供选择，房间以原木风为主，温馨干净，空间宽敞，各类设施一应俱全，房间的阳台放了桌椅，可以坐在阳台上一边叹茶一边欣赏美丽的园林景色。

月和居还配备了休闲阅读区、室外景观花园、鱼池流水、网球场、游泳池、健身中心、户外茶座等，娱乐休闲、观光游览、运动健身等场室一应俱全。民宿内一系列舒适豪华的设施与服务，可以让游客享受一个身心舒缓放松、充满乐趣的假期，逃离喧嚣的都市生活，拥抱未经破坏的宁静自然。民宿满足游客的多样需求，游客可以在豪华宽敞的休闲阅读区进行娱乐休闲活动，在植被青翠的园林徜徉，在私人泳池的碧波中畅泳，在健身房中挥洒汗水。

月和居就坐落在景色秀美的侨乡村落，游客可以去探寻稻香迷人的稻田，游览附近村落别具特色的岭南古民居，感受侨乡的农耕文化和地方民俗风情。民宿所在的月山镇钱岗龙溪村是"广东粤菜师傅名村"，开平市十大"最美文明村"、开平市标兵文明村，是月山镇重点打造的最美乡村示

范点之一。

月和居距离月山镇圩车程只要5分钟,到了下午三点十五分,就可以驱车前往月山镇圩"趁圩",去体验侨乡特色的"三点三"下午茶文化,吃一个真的有菠萝的"菠萝包",吃上一碗香喷喷的牛杂,还可以品尝萨其马、千层糕、咸鸡笼、蛋挞等当地各式糕点,收获一个满足的下午茶。

不得不提的是,月和居紧邻开平网红打卡点——岭南真味,二者同是区又生投资建设。岭南真味是"世界名厨之乡"——开平家宴研发基地，在这里可以品尝到由米其林厨师定制的风味十足的开平家宴私房菜、五邑菜，岭南真味选取江门本地食材例如马冈鹅、潭碧冬瓜、台山都斛镇的肉蟹等，研发了栗子马冈烧鹅、生拆蟹肉干捞翅等特色菜品，是广大饕客不可错过的味觉盛宴。

找一个假期，入住岭南韵味民宿，品味乡村慢时光，品尝侨乡美食，一起叹一个美满的假期吧。

翁丹萍

月和居

营业执照名称	开平月和居民宿服务有限公司
地址	开平市月山镇龙溪大道1号
预订电话	18022434825
房间数	10
床位数	16
民宿登记证号	JMKP001

微信扫一扫
获取月和居民宿最新资讯

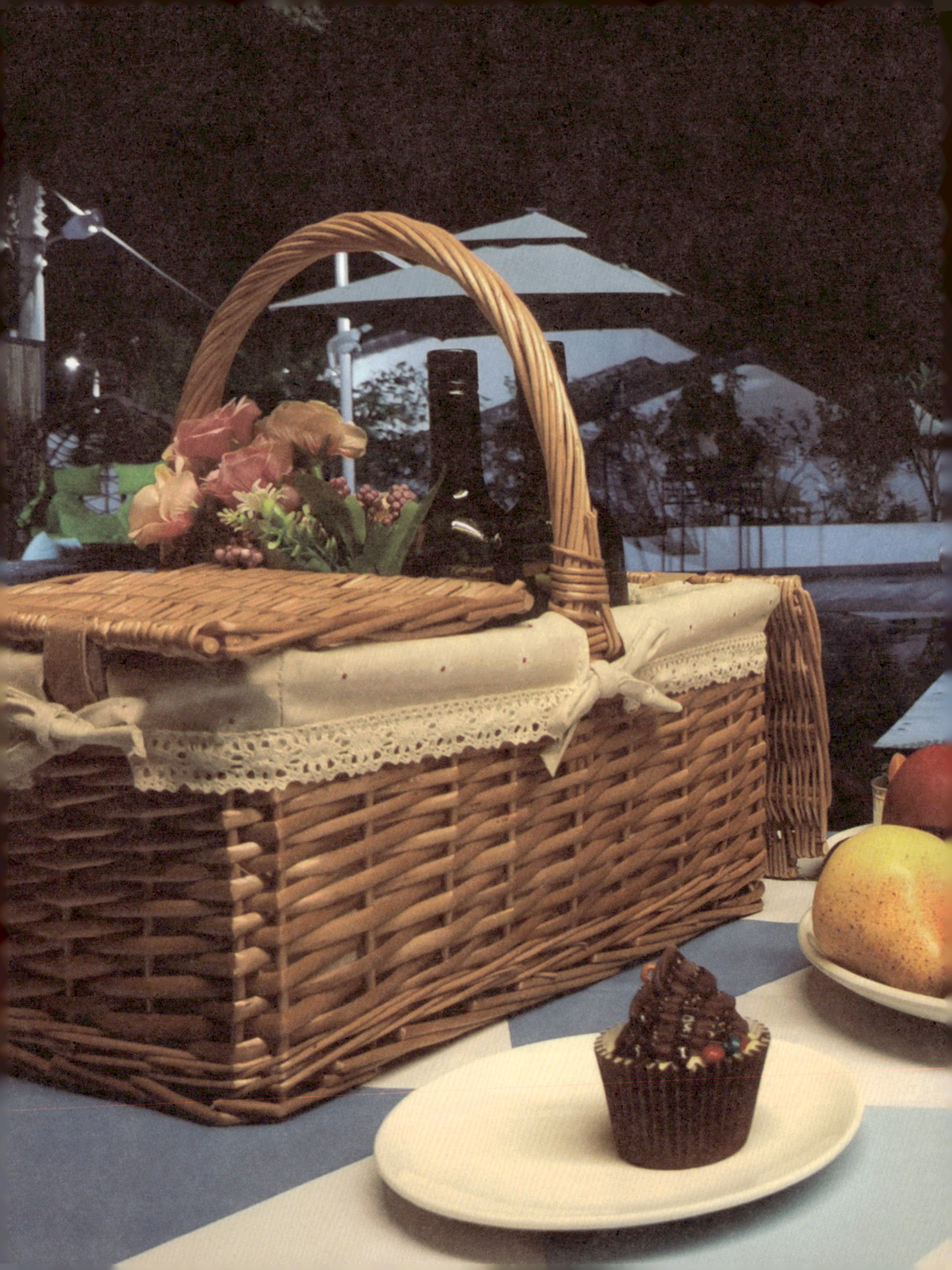

鹤山市

·泊瑞·和安里民宿

泊瑞·和安里民宿

有温度的住宿，有灵魂的生活

- - - - -

"泥墙黛瓦石板路，百年古树绿新芽。"在鹤山来苏村，隐藏着一间古色古香，同时又极具现代特色的民宿。这里有青砖绿瓦的古香古韵，也有竹林泳池的休闲，是让游客感受到"心安即吾乡"的温馨民宿，也是能让人感受到星级酒店服务的贴心民宿。这里就是泊瑞·和安里。

有温度的住宿
有灵魂的生活

和安里

位于千年古村的民宿 古朴与现代碰撞

  来苏村，位于江门市鹤山市共和镇，建村已近千年，素有"千年钟氏村"之称，可以品红茶、吃瓜菜。走进来苏村，这里群山环抱，清溪如带，绿树成荫。

  走进来苏村，穿过绿树成荫的文化广场，绕过古色古香的党群服务中心，映入眼帘的便是泊瑞·和安里青砖绿瓦的特色建筑。只见建筑门边高挂两个红灯笼，门口两侧各放了一株盆栽。进入其中，里面的陈设极具现代化特色又古色古香，仿佛传统文化和现代文化来了一

场碰撞。

泊瑞·和安里并不是传统的一幢房子建筑，而是由12间当地民居组成的民宿群。经过精心规划设计，建筑物外观保留着清末民初的原始风貌。

首先出现在人们面前的便是服务中心、茶室、展厅、书法室、画室，这里是游客进入民宿群的第一站。茶室两边架子上陈列了大量茶壶古玩，都是主理人旅行时收集回来的。在服务中心对面还有一家咖啡、奶茶店，入住前小憩一番，身心舒畅。

办好入住，绕过服务中心，映入眼帘的是一幢色彩丰富的百年老建筑。这座始建于清朝的传统老屋自带一种独特的韵味，楼高两层，保留了青砖墙、阁楼、天窗、彩绘这些特色元素。民宿主理人按修旧如旧的手法，保留了原建筑风貌，将旧的青砖、趟栊门和新中式原木风格，巧妙地融合在一起。置身其中，恍如穿越百年时光。

楼里每个角落都放置了一盆造型别致的绿色植物，增添了古色古香的氛围。客房干净整洁、宽敞明亮，每间屋子还备置了智能音箱供客人使用。推窗往外看，是一片竹林，绿竹清幽处是一个无边际泳池。这里环境幽静，视野开阔，看远处山野重叠如画一般。日落时分，坐在躺椅上，温柔黄昏配夏日凉风，就是最美妙的时刻了。主理人介绍，希望能让游客在民宿内享受五星级的体验，所以花重金打造泳池。

在这幢百年老建筑旁边还有其他小院子，最特别的便是院落式设计。推开栅栏式小门，是一个中式庭院的盆栽设计，古色古香，仿佛让人到了江南庭院。推门而入，大堂里还布置着各种小绿植、装饰画。几个家庭相约在这里玩耍聚会便是再合适不过了。

可以说，泊瑞·和安里既留存了传统文化的韵味，又融入了现代元素的格调，将传统与现代完美融合，彰显旅游住宿"中国化"。

第一家持证上岗的民宿 提供五星级服务

不得不说的是，泊瑞·和安里可大有来头，这座古建筑与现代设计融合的精品民宿，是鹤山市第一家持证上岗的民宿，而其主理人团队更是有着近40年酒店建设经验和五星级酒店服务经历。

主理人谢向明是鹤山人，对家乡有着浓烈的感情。在外出工作的二十几年里，他一直从事着酒店建筑工作。当民宿风吹到家乡，他决定和搭档黄启权回到家乡投资民宿。黄启权曾在国际星级酒店任职多年，有着丰富的酒店管理经验。两人一拍即合，他们希望把自己多年的经验、人脉应用到泊瑞·和安里这个项目中，把它打造成一个多功能的民宿艺术馆、游客旅居的心安之地。

2020年6月，泊瑞·和安里正式动工。在两位酒店行业大咖的操持下，民宿快速成型，于当年国庆假期正式试业。民宿在保留了老房子外貌的基础上容纳了现代酒店的理念，使旧房屋重获新生，具有现代

酒店的功能，让慕名而来的游客在感受民俗文化的同时又能享受现代社会的舒适。

两位主理人觉得民宿要给客人家的感觉，但它同时应该是高标准的，能给游客带来享受。黄启权凭借自身在酒店行业的经验，统一泊瑞·和安里的设备、服务标准，让这座民宿具备五星级的服务，细致到床垫的选择、被褥的铺设、热水出水时间仅8秒……

怪不得去泊瑞·和安里民宿游玩过的游客都说，这就是一家隐藏在村子里的高端会所。

这里还有小型清吧、影音室、会议室，游客所需，一应俱全。民宿可承接团建活动、家庭聚餐、纪念日派对、公司年会、文艺活动、

学术培训等，满足多样人群的不同需求。不论是旅游散心，还是商务接待，每个人都可以在这里找到适合自己的空间和玩法。在这里大家可以感受到"有温度的住宿，有灵魂的生活"，既能体验到民国时期的广东传统华侨民居，也能感受来苏村民俗文化和现代度假体验相结合的建设理念。

来到泊瑞·和安里，是度假，也是"回家"，游客足不出户也能在这里满足很多娱乐的需求。如果想享受田园生活乐趣，可以参加田野徒步、自行车骑行，到附近的来苏茶场观光采茶体验，也可以在开心农场摘菜、烧烤；如果想纵情音乐之乐，这里不定时举办池畔音乐会、红酒音乐馆乐队演奏等项目；如果想享受惬意的午后时光，还可以去咖啡屋喝下午茶。

值得一提的是，这里的私家厨房真的很赞，一点都不输星级酒店的出品。泊瑞·和安里的餐厅主打五邑特色菜，恩平簕菜、开平马冈鹅、台山生蚝等五邑名菜都可以在这里品尝到。

"久在樊笼里，复得返自然"，选个时间，到这里放下焦虑，忘记烦恼，舒缓心情，感受自然，品味乡村风情吧。

何雯意

泊瑞·和安里民宿

营业执照名称	泊瑞·和安里民宿
地址	鹤山市共和镇来苏村委会瓦园村9、13、16、18、19、20、21、22号
预订电话	13925261283
房间数	18
床位数	26
民宿登记证号	JMHS001

微信扫一扫
获取和安里民宿最新资讯

荷塘真味馆

打卡

关键字：**广东省乡村民宿示范点、休闲度假、田园生活、家庭小聚**

周边景点推荐：**叱石风景区**（距离14公里）
　　　　　　　古劳水乡（距离39公里）

华侨城集团推出的全新的新型城镇化+乡村振兴创新融合项目，是广东省重点文旅建设项目之一，也是江门"全力打造文旅千亿产业，抓好龙头项目建设"的重要抓手。项目计划投资50亿元，以"自由流淌的水乡生活"为主题，将"古劳水乡"打造成为中国最美岭南水乡和粤港澳大湾区文化生态旅游度假标杆。项目整体规划占地约10平方公里，其中主景区约3平方公里，范围包括核心景区（包含三大组团）、农业文化遗产活化区和咏春文化遗产活化区。

古劳水乡

江门市旅游民宿登记名册

(截至 2023 年 1 月)

序号	营业执照名称	民宿名称	经营地址	经营者	联系电话	房间数	床位数	民宿登记证编号
1	蓬江区缘贵苑民宿中心	缘贵苑民宿	江门市蓬江区棠下镇良溪村中队 10 号	李晓君	13431764470	6	8	JMPJ001
2	蓬江区墟顶人家民宿服务中心	墟顶人家	江门市蓬江区白沙街卖鸡地 5 号	冯泓源	13232866309	8	10	JMPJ002
3	蓬江区鼎麓民宿服务中心	鼎麓民宿	蓬江区杜阮镇澜石水库旧娱乐场（自编 1 号）	侯志强	18607509777	12	22	JMPJ003
4	石涧故事	石涧故事	江门市新会区紫云路 90 号石涧村 165 号	苏炎香	13702203088	10	16	JMXH001
5	柑璞居	柑璞居	江门市新会区司前镇石步村新地村民小组	李漪莹	13751124254	14	21	JMXH002
6	江门市朗盈文旅发展有限公司	江门市朗盈文旅发展有限公司（隐沙小筑壹号）	江门市新会区睦洲镇石板沙村隐沙小筑壹号	吴锡新	13822383424	4	5	JMXH003
7	江门市侨星文化发展有限公司（荷溪星舍民宿）	荷溪星舍民宿	新会区古井镇慈溪村原本厚学校 A1	吴剑辉	18127508838	14	30	JMXH004
8	江门市时光文化传播有限公司	时光文化研学营地民宿	新会区大泽镇田金村桥亭 38 号	董金洲 梁宝欣	13392083869 13422690097	6	42	JMXH005
9	新会区秋柑民宿	新会区秋柑民宿	新会区崖门镇古斗村古兜温泉南亚风情六街 42、43 幢	李玉叶	18022994815	8	8	JMXH006

续表

序号	营业执照名称	民宿名称	经营地址	经营者	联系电话	房间数	床位数	民宿登记证编号
10	新会区花筑月舍民宿	新会区花筑月舍民宿	新会区崖门镇古斗村古兜温泉南亚风情六街44幢	李玉琴	18026894490	4	4	JMXH007
11	新会区花漾水岸民宿店	新会区花漾水岸民宿店	新会区崖门镇古斗村古兜温泉南亚风情六街39、40、41幢	李玉叶	18022994815	12	12	JMXH008
12	新会区槿汐居民宿	新会区槿汐居民宿	新会区睦洲镇石板沙村下冲村民小组27号	关根生	13902885597	4	4	JMXH009
13	台山市四九镇望岗碉楼民宿	望岗碉楼民宿	台山市四九镇上南村望岗村174、175号	赵慧湘	13902588394	6	8	JMTS001
14	台山市侨丰荟文化旅游产业有限公司	1979民宿、2015民宿	台山市海宴华侨农场南丰村委会原南丰仓库（现篮球场舞台后方）台山市海宴华侨农场南丰村委会旧办公楼（卫生站侧）	方潍	13688880823（方潍）13822317788（叶雪嫦）	13	24	JMTS002
15	台山市四九镇原舍民宿	玄潭原舍	台山市四九镇玄潭旧学校	方秀娜	13802611794	9	14	JMTS003
16	台山市台城尚雅民宿店	尚雅民宿	台山市台城东坑路129号、131号二楼三楼	李国富	13536245531	12	22	JMTS004
17	台山市海宴镇李家炎民宿店	李家炎民宿	台山市海宴镇东联村委会新联村128号	李家炎	15975051161	8	14	JMTS005

续表

序号	营业执照名称	民宿名称	经营地址	经营者	联系电话	房间数	床位数	民宿登记证编号
18	台山市海宴镇幸运来餐厅	幸运来民宿	台山市海宴镇联和管区那马岗村3号	伍明章	13172273833	13	23	JMTS006
19	台山市海宴镇唐丰民宿店	唐丰民宿	台山市海宴镇华侨农场五丰村丰收河边临工房1幢	唐芦生	18107502861	10	20	JMTS007
20	台山市熙域文化发展有限公司	四九书院	台山市四九镇原塘田旧小学（四九书院）	郭艺丹	13169643598 13189226874（欧阳泳意）	13	35	JMTS008
21	台山市深井镇树林民宿馆	树林民宿	台山市深井镇小江村委会湖山村138号	李兴姣	15819845880	14	23	JMTS009
22	台山市悦行创意文化策划有限公司	光大雅舍	台山市街道办筋坑社区南安村原光明小学（光大雅舍）	陈德庆	13822307070 13356431220（冯坚威）	2	3	JMTS010
23	台山市侨居酒店管理有限公司	侨院民宿	台山市水步镇下洞村委会宝兴圩188号之二（侨院民宿）	高兆灯	13380233988 13923178871（阮丽娟）	5	6	JMTS011
24	台山市侨居酒店管理有限公司	侨居壹号民宿	台山市水步镇下洞村委会宝兴圩188号之二（侨居壹号民宿）	高兆灯	13380233988 13923178871（阮丽娟）	10	14	JMTS012
25	台山市侨居酒店管理有限公司	侨居贰号民宿	台山市水步镇下洞村委会宝兴圩188号之二（侨居贰号民宿）	高兆灯	13380233988 13923178871（阮丽娟）	3	4	JMTS013

续表

序号	营业执照名称	民宿名称	经营地址	经营者	联系电话	房间数	床位数	民宿登记证编号
26	台山市侨居酒店管理有限公司	侨居叁号民宿	台山市水步镇下洞村委会宝兴圩188号之二（侨居叁号民宿）	高兆灯	13380233988 13923178871（阮丽娟）	4	6	JMTS014
27	台山市绿禾闲庐民宿服务有限公司	绿禾闲庐民宿	台山市端芬镇山底圩模范乡旧产院2号楼	谭秦渝	13902299792	6	8	JMTS015
28	台山市端芬镇观心民宿店	观心民宿	台山市端芬镇山底圩模范乡端芬学校斜对面房屋	植成涛	13680235444	5	5	JMTS016
29	台山市海宴镇喜相汇民宿店	喜相汇民宿	台山市海宴镇五丰村833号	颜雪婵	13631822334	14	26	JMTS017
30	台山市川岛镇上川山村海影民宿	山村海影民宿	台山市川岛镇上川大洲沙坪村112号	梁建权	13632079877	3	4	JMTS018
31	台山市川岛镇上川海日风情民宿	海日风情民宿	台山市川岛镇上川飞东村委会飞沙里村151号之二	梁惠城	13427274045 13534789633（梁婉莹）	10	20	JMTS019
32	台山市川岛镇上川英胜民宿	英胜民宿	台山市川岛镇上川沙堤渔民新村4号	林英胜	13427329135 5306425 5306877（林庭）	12	16	JMTS020
33	台山市川岛镇下川锡哥民宿	锡哥民宿	台山市川岛镇下川联南大澳村60号第二、三层	罗建锡	13725958708	14	24	JMTS022
34	台山市川岛镇下川余家别苑民宿	余家别苑	台山市川岛镇下川联南牛塘村133号	余玉田	13664916573 13536249121（余美贤）	10	14	JMTS023

续表

序号	营业执照名称	民宿名称	经营地址	经营者	联系电话	房间数	床位数	民宿登记证编号
35	台山市三合镇神川餐厅	神川民宿	台山市三合镇联山那洞婆山湾尾山塘2号房屋（神川锦鲤休闲山庄）	张宇洪	13802612779 15819763833（高霞）	5	8	JMTS024
36	台山市三合镇荣信贸易商行	逸泉公馆	台山市三合镇温泉颐和城G区二街10、11号（逸泉公馆）	朱春花	5610293 13266483389（朱锡武）	14	14	JMTS025
37	台山市南村文化艺术策划有限公司	南村艺术部落民宿	台山市四九镇上南村村委会望岗村小组西侧（狮山）	吴锐鸿	13432268651（李燕金）	8	13	JMTS026
38	台山市汶村镇安雅居民宿	安雅居民宿	台山市汶村镇宴都路47号之二、三层	陈健凯	18688600970	7	9	JMTS027
39	台山市林韵山居酒店管理有限公司	林韵山居桔苑102	台山市四九镇北峰山国家森林公园桔苑102号楼	李沛宁	13828008787（吴飞恩）	3	5	JMTS028
40	台山市林韵山居酒店管理有限公司	林韵山居桔苑103-104	台山市四九镇北峰山国家森林公园桔苑103、104号楼	李沛宁	13828008787（吴飞恩）	6	8	JMTS029
41	台山市林韵山居酒店管理有限公司	林韵山居桔苑105	台山市四九镇北峰山国家森林公园桔苑105号楼	李沛宁	13828008787（吴飞恩）	3	4	JMTS030
42	台山市林韵山居酒店管理有限公司	林韵山居桔苑106	台山市四九镇北峰山国家森林公园桔苑106号楼	李沛宁	13828008787（吴飞恩）	3	4	JMTS031

续表

序号	营业执照名称	民宿名称	经营地址	经营者	联系电话	房间数	床位数	民宿登记证编号
43	台山市林韵山居酒店管理有限公司	林韵山居桔苑107	台山市四九镇北峰山国家森林公园桔苑107号楼	李沛宁	13828008787（吴飞恩）	3	4	JMTS032
44	台山市林韵山居酒店管理有限公司	林韵山居桔苑108	台山市四九镇北峰山国家森林公园桔苑108号楼	李沛宁	13828008787（吴飞恩）	3	5	JMTS033
45	台山市林韵山居酒店管理有限公司	林韵山居桔苑109	台山市四九镇北峰山国家森林公园桔苑109号楼	李沛宁	13828008787（吴飞恩）	5	9	JMTS034
46	台山市林韵山居酒店管理有限公司	林韵山居116	台山市四九镇北峰山国家森林公园二街116号楼	李沛宁	13828008787（吴飞恩）	12	18	JMTS021
47	台山市海宴镇鑫鸿民宿店	鑫鸿民宿店	台山市海宴和阁新寨村376号	伍栋炎	13432228213	10	14	JMTS035
48	台山市侨丰荟文化旅游产业有限公司	1963民宿	台山市海宴华侨农场南丰村委会临工房	方潍	13688880823（方潍）13822317788（叶雪嫦）	5	8	JMTS036
49	台山市侨丰荟文化旅游产业有限公司	职工之家	台山市海宴南丰村南窦原老人之家	方潍	13688880823（方潍）13822317788（叶雪嫦）	10	38	JMTS037
50	台山市广海镇渔港民宿	渔港民宿	台山市广海镇海滨路229号二、三楼	钟瑞云	13380989832	10	14	JMTS038
51	台山市海宴镇越丰民宿店	越丰民宿店	台山市海宴镇海侨五丰村188号	陈惠贤	13542173200	5	9	JMTS039

续表

序号	营业执照名称	民宿名称	经营地址	经营者	联系电话	房间数	床位数	民宿登记证编号
52	台山市格局民宿店	格局民宿店	台山市三合镇温泉颐和城G区一街19号（G2-2）	胡修安	13672804746	6	8	JMTS040
53	台山市三合镇俾泉坞文旅投资有限公司	俾泉坞民宿	台山市三合镇温泉颐和城G区一街11号（G4-2）	陈湛明	13602571986	9	12	JMTS041
54	台山市汶村镇安和轩民宿	安和轩民宿	台山市汶村镇汶村村委会花厅168号之二	杨金莲	13928768883	12	18	JMTS042
55	台山市汶村镇心和苑民宿	心和苑民宿	台山市汶村镇汶村村委会花厅168号之三	陈健	13600032332	12	20	JMTS043
56	台山市四九镇瑷露德玛芦荟庄园星空小宿	星空小宿	台山市四九镇东冠白虎头村168号之二	道格拉斯·杰威特	18933198656	7	9	JMTS044
57	台山市海宴镇乐汇民宿店	喜相汇二店	台山市海宴镇五丰村22号	颜雪婵	15813761002	8	12	JMTS045
58	台山市陆捌文化发展有限公司	68小院	台山市海宴镇五丰村文创苑	严伟娟	13723754968（陈志辉）	13	35	JMTS046
59	台山市北陡镇喜悦民宿店	喜悦民宿	台山市北陡镇那琴圩村51号之一	邓瑞柳	13427388118	4	7	JMTS047

续表

序号	营业执照名称	民宿名称	经营地址	经营者	联系电话	房间数	床位数	民宿登记证编号
60	台山市川岛镇上川日不落民宿	日不落民宿	台山市川岛镇上川高笋村委会大沙塘村261号之一	甘伟富	13427123037（甘春艳）	6	7	JMTS048
61	台山市海宴镇宴栈民宿店	宴栈民宿	台山市海宴镇青山圩居民委员会148、149号	苏健聪	13632294368	13	23	JMTS049
62	台山市川岛镇上川山海田园民宿	山海田园民宿	台山市川岛镇上川大洲沙坪村111号	梁建兴	13702411110	7	12	JMTS050
63	开平月和居民宿服务有限公司	月和居	开平市月山镇龙溪大道1号	梁彪	18022434825	10	16	JMKP001
64	开平市塘口镇媒婆街民宿	媒婆街民宿	开平市塘口镇塘口街63号63-67后座	谭志纯	18902553668	7	54	JMKP002
65	开平市碉民乡村旅游发展有限公司（碉民部落民宿）	碉民部落	开平市塘口镇塘口街55号	张小明	13822364281	14	52	JMKP003
66	开平市泉岭生态农业开发有限公司	泉岭民宿	开平市塘口镇升平圩1号	陈艳嫦	13824073008	13	18	JMKP004
67	开平市泉岭生态农业开发有限公司	乐致居	开平市塘口镇升平圩3号	陈艳嫦	13824073008	14	20	JMKP005
68	开平市红楼酒店有限公司	赤水红楼	开平市赤水镇旗胜村2号	余凯翔	13902202432	14	25	JMKP006

续表

序号	营业执照名称	民宿名称	经营地址	经营者	联系电话	房间数	床位数	民宿登记证编号
69	广东此间旅游发展有限公司（此间·国际研学空间）	此间·国际研学空间	开平市塘口镇塘口圩向东街2号	田祖源	13827008531	14	16	JMKP007
70	广东此间旅游发展有限公司	闲池居	开平市塘口镇塘口圩向东街2号	田祖源	13827008531	2	4	JMKP008
71	开平市塘口镇鸿运楼美食馆	鸿运楼	开平市塘口镇潭溪圩环圩路26号	邓淑卿	18666024030	14	38	JMKP009
72	开平市邑涧物业管理有限公司（邑涧0750营地）	开平市邑涧物业管理有限公司（邑涧0750营地）	开平市长沙街道楼冈大道40号之三第1卡	吴嘉辉	13622571703	24	41	JMKP010
73	开平市乐着旅游发展有限公司（五福里民宿）	开平市乐着旅游发展有限公司（五福里民宿）	开平市塘口镇塘口街47号205	黄泳文	13702508000	3	6	JMKP011
74	开平市大沙里欢乐谷旅游发展有限公司	开平市大沙里欢乐谷旅游发展有限公司（梁公茶居）	开平市大沙镇群联村委会榄树角2号	梁国豪	18929086987	31	34	JMKP012
75	泊瑞·和安里民宿	泊瑞·和安里	鹤山市共和镇来苏村委会瓦园村9、13、16、18、19、20、21、22号	谢向明	13925261283	18	26	JMHS001

续表

序号	营业执照名称	民宿名称	经营地址	经营者	联系电话	房间数	床位数	民宿登记证编号
76	心源社	心源社	鹤山市双合镇双石路（原双石小学）	黄春霞	13828025969	14	30	JMHS002
77	行者龙居	行者龙居	鹤山市宅梧镇双龙小学校舍内	陈穗文	13802903163	13	22	JMHS003
78	鹤山市香草地农业科技有限公司	香草地民宿	鹤山市宅梧镇宅开公路侧北场中间山东边	罗玉敏	13828042221	12	258	JMHS004
79	恩平市田野农庄	恩平市田野农庄	恩平市恩城街道办事处禄平村委会望禄冈（土名）果园	徐如恩	13822322048	14	21	JMEP001
80	恩平市大仁山居民宿店	恩平市大仁山居民宿店	恩平市恩城街道米仓村委会白沙水村旧村自编4号	李青云	13791265156	1	1	JMEP002
81	恩平市鸿锦盈文化旅游发展有限公司	Show so 房车露营基地	恩平市泉林黄金小镇五坝（Show so 房车露营基地）	谢镇宇	郑丽云 13536249994	12	22	JMEP003

江门市旅游民宿区域分布清单

(截至2023年1月)

序号	区域	数量/家	民宿名称	经营地址
1	蓬江区	3	缘贵苑民宿	江门市蓬江区棠下镇良溪村中队10号
2			墟顶人家	江门市蓬江区白沙街卖鸡地5号
3			鼎麓民宿	蓬江区杜阮镇澜石水库旧娱乐场（自编1号）
4	新会区	9	石涧故事	江门市新会区紫云路90号石涧村165号
5			柑璞居	江门市新会区司前镇石步村新地村民小组
6			江门市朗盈文旅发展有限公司（隐沙小筑壹号）	江门市新会区睦洲镇石板沙村隐沙小筑壹号
7			荷溪星舍民宿	新会区古井镇慈溪村原本厚学校A1
8			时光文化研学营地民宿	新会区大泽镇田金村桥亭38号
9			新会区秋柑民宿	新会区崖门镇古斗村古兜温泉南亚风情六街42、43幢

续表

序号	区域	数量/家	民宿名称	经营地址
10	新会区	9	新会区花筑月舍民宿	新会区崖门镇古斗村古兜温泉南亚风情六街44幢
11			新会区花漾水岸民宿店	新会区崖门镇古斗村古兜温泉南亚风情六街39、40、41幢
12			新会区槿汐居民宿	新会区睦洲镇石板沙村下冲村民小组27号
13	台山市	50	望岗碉楼民宿	台山市四九镇上南村望岗村174、175号
14			1979民宿、2015民宿	台山市海宴华侨农场南丰村委会原南丰仓库（现篮球场舞台后方）台山市海宴华侨农场南丰村委会旧办公楼（卫生站侧）
15			玄潭原舍	台山市四九镇玄潭旧学校
16			尚雅民宿	台山市台城东坑路129号、131号二楼三楼
17			李家炎民宿	台山市海宴镇东联村委会新联村128号
18			幸运来民宿	台山市海宴镇联和管区那马岗村3号

续表

序号	区域	数量/家	民宿名称	经营地址
19	台山市	50	唐丰民宿	台山市海宴镇华侨农场五丰村丰收河边临工房1幢
20			四九书院	台山市四九镇原塘田旧小学（四九书院）
21			树林民宿	台山市深井镇小江村委会湖山村138号
22			光大雅舍	台山市街道办筋坑社区南安村原光明小学（光大雅舍）
23			侨院民宿	台山市水步镇下洞村委会宝兴圩188号之二（侨院民宿）
24			侨居壹号民宿	台山市水步镇下洞村委会宝兴圩188号之二（侨居壹号民宿）
25			侨居贰号民宿	台山市水步镇下洞村委会宝兴圩188号之二（侨居贰号民宿）
26			侨居叁号民宿	台山市水步镇下洞村委会宝兴圩188号之二（侨居叁号民宿）
27			绿禾闲庐民宿	台山市端芬镇山底圩模范乡旧产院2号楼

续表

序号	区域	数量/家	民宿名称	经营地址
28	台山市	50	观心民宿	台山市端芬镇山底圩模范乡端芬学校斜对面房屋
29			喜相汇民宿	台山市海宴镇五丰村833号
30			山村海影民宿	台山市川岛镇上川大洲沙坪村112号
31			海日风情民宿	台山市川岛镇上川飞东村委会飞沙里村151号之二
32			英胜民宿	台山市川岛镇上川沙堤渔民新村4号
33			锡哥民宿	台山市川岛镇下川联南大澳村60号第二、三层
34			余家别苑	台山市川岛镇下川联南牛塘村133号
35			神川民宿	台山市三合镇联山那洞婆山湾尾山塘2号房屋（神川锦鲤休闲山庄）
36			逸泉公馆	台山市三合镇温泉颐和城G区二街10、11号（逸泉公馆）

续表

序号	区域	数量/家	民宿名称	经营地址
37	台山市	50	南村艺术部落民宿	台山市四九镇上南村村委会望岗村小组西侧（狮山）
38			安雅居民宿	台山市汶村镇宴都路47号之二、三层
39			林韵山居桔苑102	台山市四九镇北峰山国家森林公园桔苑102号楼
40			林韵山居桔苑103-104	台山市四九镇北峰山国家森林公园桔苑103、104号楼
41			林韵山居桔苑105	台山市四九镇北峰山国家森林公园桔苑105号楼
42			林韵山居桔苑106	台山市四九镇北峰山国家森林公园桔苑106号楼
43			林韵山居桔苑107	台山市四九镇北峰山国家森林公园桔苑107号楼
44			林韵山居桔苑108	台山市四九镇北峰山国家森林公园桔苑108号楼
45			林韵山居桔苑109	台山市四九镇北峰山国家森林公园桔苑109号楼

续表

序号	区域	数量/家	民宿名称	经营地址
46	台山市	50	林韵山居116	台山市四九镇北锋山国家森林公园二街116号楼
47			鑫鸿民宿店	台山市海宴和阁新寨村376号
48			1963民宿	台山市海宴华侨农场南丰村委会临工房
49			职工之家	台山市海宴南丰村南窦原老人之家
50			渔港民宿	台山市广海镇海滨路229号二、三楼
51			越丰民宿店	台山市海宴镇海侨五丰村188号
52			格局民宿店	台山市三合镇温泉颐和城G区一街19号（G2-2）
53			倮泉坞民宿	台山市三合镇温泉颐和城G区一街11号（G4-2）
54			安和轩民宿	台山市汶村镇汶村村委会花厅168号之二

续表

序号	区域	数量/家	民宿名称	经营地址
55	台山市	50	心和苑民宿	台山市汶村镇汶村村委会花厅168号之三
56			星空小宿	台山市四九镇东冠白虎头村168号之二
57			喜相汇二店	台山市海宴镇五丰村22号
58			68小院	台山市海宴镇五丰村文创苑
59			喜悦民宿	台山市北陡镇那琴圩村51号之一
60			日不落民宿	台山市川岛镇上川高笋村委会大沙塘村261号之一
61			宴栈民宿	台山市海宴镇青山圩居民委员会148、149号
62			山海田园民宿	台山市川岛镇上川大洲沙坪村111号
63	开平市	12	月和居	开平市月山镇龙溪大道1号

续表

序号	区域	数量/家	民宿名称	经营地址
64	开平市	12	媒婆街民宿	开平市塘口镇塘口街63号63-67后座
65			碉民部落	开平市塘口镇塘口街55号
66			泉岭民宿	开平市塘口镇升平圩1号
67			乐致居	开平市塘口镇升平圩3号
68			赤水红楼	开平市赤水镇旗胜村2号
69			此间·国际研学空间	开平市塘口镇塘口圩向东街2号
70			闲池居	开平市塘口镇塘口圩向东街2号
71			鸿运楼	开平市塘口镇潭溪圩环圩路26号
72			开平市邑涧物业管理有限公司(邑涧0750营地)	开平市长沙街道楼冈大道40号之三第1卡

续表

序号	区域	数量/家	民宿名称	经营地址
73	开平市	12	开平市乐着旅游发展有限公司（五福里民宿）	开平市塘口镇塘口街47号205
74			开平市大沙里欢乐谷旅游发展有限公司（梁公茶居）	开平市大沙镇群联村委会榄树角2号
75	鹤山市	4	泊瑞·和安里	鹤山市共和镇来苏村委会瓦园村9、13、16、18、19、20、21、22号
76			心源社	鹤山市双合镇双石路（原双石小学）
77			行者龙居	鹤山市宅梧镇双龙小学校舍内
78			香草地民宿	鹤山市宅梧镇宅开公路侧北场中间山东边
79	恩平市	3	恩平市田野农庄	恩平市恩城街道办事处禄平村委会望禄冈（土名）果园
80			恩平市大仁山居民宿店	恩平市恩城街道米仓村委会白沙水村旧村自编4号
81			Show so 房车露营基地	恩平市泉林黄金小镇五坝（Show so 房车露营基地）